法学入門

INTRODUCTION TO LEGAL STUDIES

著・早川吉尚

有斐閣 ストゥディア

はしがき

　本書は，これから「法学」を学ぼうとする方々を対象にできるだけわかりやすく「法学」のエッセンスを解説しようとするものです。

　本書執筆のきっかけは，勤務している大学で 10 年以上継続して教えている「法学入門」の講義にありました。大学に入学したての新入生は，みな強い意欲をもって初めての講義にのぞんできます。しかし，例えば，法律基本用語の説明が長々続いてしまったりすると，次第に退屈し，「法学」それ自体に興味を失ってしまうことが少なくありません。

　しかし，「法学」は決して退屈なものではありません。社会生活を営む上で「武器」になる基本的な「法的知識」を身につけることが可能になるだけでなく，現代社会において必要とされる「複雑に絡み合った事象を論理的に分析する力」，「論理的な文章にまとめあげる力」，「論理的に議論やプレゼンテーションをする力」を鍛えるためには最高の学問分野なのです。

　とすると，いまだ「法的知識」が十分ではなかったとしても，「法学」特有の頭の使い方を伝えることができ，かつ，その基礎的な訓練ができるような工夫がなされるべきではないか。そのような問題意識から，私の「法学入門」講義は始まりました。

　その少し変わった「法学入門」講義の噂は，様々なルートで様々な相手に伝わったらしく，法学系の出版社である株式会社有斐閣の編集者の方々の興味も引いたようです。やがてその編集者の方々は「法学入門」講義に顔を出してくれるようになり，最後には全ての回につき出席してくれるようになりました。そしてついに，本書の出版に至ったわけです。

　こうした経緯の結果生まれた本書には，10 年以上にわたる「法学入門」講義の工夫の全てが盛り込まれています。「法学」をこれから学ぼうとする者が，本書を読み終えた後に，「法学」をさらに深く学習してみたいと思ってくれるように。そして，その時には既に「法学」特有の頭の使い方の基本が修得されており，スムーズに次の段階の学習に入っていけるように，様々に工夫を凝らしてみました。

もっとも，以上のように本書の目的や特徴，そして，本書執筆の経緯につき述べてきましたが，さらによく考えると，「法学入門」講義の担当を積極的に引き受け，ついには本書の執筆にまで至った遠因には，学問上の恩師である道垣内正人先生（早稲田大学教授，当時は東京大学助教授）の強い影響があったように思えます。当時，道垣内先生は，ご自身でも「法学」の講義を担当しておられ，また，『自分で考えるちょっと違った法学入門』（有斐閣，初版1993年，新版1998年，第3版2007年）という画期的な「法学入門」の書を世に出そうとしていました。先生はその執筆の合間に，様々な「法学」上の問題につき，まだ駆け出しの私に議論を試みてくれました。そして，そこでなされた議論が上記の書の一部に反映されているのを発見した時，本当に感激したことを，今でも鮮明に覚えています。

　また，さらによく考えると，様々な専門領域を横断する「法学」という問題設定に何故私が興味を惹かれるのかという点についても，答えが見いだせるような気がします。すなわち，私の本来の専門領域は「国際私法」と呼ばれる分野です（ちなみに，上記の道垣内先生の専門も「国際私法」です）。「国際私法」の下では，例えば，日本人と外国人の結婚，日本企業と外国企業の取引など，国際的な関係が対象となり，時にそうした関係に対し，日本の裁判所で外国の「法」が適用されることも少なくありません。そして，その外国の「法」が日本の「法」とかなり異なる体裁であるといったことも珍しくないのです。その際，いかなる要素があれば「法」と評価されるべきなのか，国を横断した「法」の考察を日常的に強いられる，それが「国際私法」という分野の特性なのです。その専門領域の特性が，私に専門領域を横断して「法」を考察する「法学」に興味関心を抱かせた。そういった説明もできるかもしれません。

　ただ，それ以上に，本書については，株式会社有斐閣・書籍編集第一部の藤本依子さん，そして，（本書が世に出る現時点においては同社を離れましたが）吉田小百合さんのご尽力と叱咤激励がなければ，とても刊行までこぎつけることは難しかったように思えます。ここに記して，厚く御礼申し上げます。

2016年2月

早　川　吉　尚

著者紹介

早川 吉尚（はやかわ よしひさ）
立教大学教授

〈主な著書〉
『注釈国際私法第 2 巻』（共著，有斐閣，2011）
『国際私法（第 4 版)』（共著，有斐閣，2019）
『海外腐敗行為防止法制と国際仲裁法制の戦略的活用』（共著，商事法務，2015）

目次

CHAPTER 1 「法学」を学ぶ意味　　1

1. 「法学部へようこそ！」──でも，君はなぜ「法学部」に入ったのか？ … 1
   様々な入学の理由 (2)
2. 「弁護士になりたい」──実務法曹になることと法学部の関係 ………… 2
   弁護士・裁判官・検察官になるには (3)　「法科大学院」に入学するなら…… (4)　「法学既修者」としての特典？ (4)
3. 法律の知識を身につけたい！──法的知識の限界 ………………… 7
   法律はけっこう変わる (7)　裁判所の判断も次々と──判例はたまる (7)　「法学部」で学ぶことができる法的知識の限界 (8)
4. 法学を学ぶことで獲得できる知的能力とは？ ……………………… 9
   「つぶしがきく」ってどういうこと？ (9)　「法学」を通じて獲得すべき知的能力 (10)
5. 社会において必要とされてきた人材 …………………………………… 11
   家屋の修繕とマンションの修繕 (11)　現代社会における様々な利益とその対立 (12)　社会において必要とされてきた人材 (13)

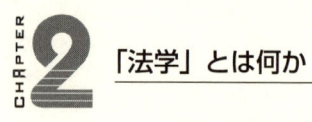

CHAPTER 2 「法学」とは何か　　15

1. 狭義の「法学」と広義の「法学」 …………………………………… 15
2. 狭義の「法学」と法的知識 …………………………………………… 16
   「六法」を引こう！ (17)　関連する法律・条文 (17)　民法95条 (18)　電子消費者契約法 (19)　民法562条 (20)　窃盗罪 (21)　法的知識も大きな武器 (22)
3. 広義の「法学」と「法」の必要性 ………………………………… 22
   みんなの意見：どっちが悪い？ (23)　みんなの意見：どっちがかわいそう？ (24)　当事者達だけではない (25)　そんなみんなが裁判官だったら (26)
4. 「法」の構造と特性 ………………………………………………… 27
   民法709条を見てみよう (27)　損害賠償を認めてもらえる条件

iv

(27) この事例はどうなる？ (28) 709条の機能 (29) お互い様
——双方に過失があるのでは？ (29) 法の役割——両当事者の間
で (30) 事実も争いの対象になる (30)

5 法的思考力と法的コミュニケーション能力 ……………………… 32
親子喧嘩・夫婦喧嘩とは違う！ (32) 意外と多い喧嘩みたいな議
論 (33) 法的思考力・法的コミュニケーション能力は大事な武器
(33)

CHAPTER 3 「法」とは何か 37

1 わが国における法源と機関 ……………………………………… 37
「法律」を作る (38) 「法律」を動かす (38) 「法律」により判断
する (39) 「法律」を審査する (40) 「条例」と地方公共団体
(40) ほかの「法」(40)

2 「法」はなぜ必要なのか ………………………………………… 42
「裁判官」と「法」(42) 不公正な裁判官なんている？ (43) 絶
対王政の時代の裁判官 (43) 「法」の登場——「マグナ・カルタ」
「ナポレオン法典」(44)

3 「妥当」な「法」の変遷 ………………………………………… 44
相続問題の今昔 (45) 子ども達には平等に (45) 「最も優秀な
者」に全て相続 (46) 長子相続 (46) 再び子ども達には平等に
(46)

4 「法」の正統性 …………………………………………………… 47
なぜ法に従わなければならないのか・従うのか (47) 不利益を被
るから？ (48) 不利益が無くても守られるルールはたくさんある
(48) 「自分達で決めたルール」だから守る (49) 「憲法」はどう
なのか (50) なぜ「自分達が決めたルール」だから守るのか
(50)

CHAPTER 4 法学における「法解釈論」 52

1 法学における「法解釈論」……………………………………… 52
条文は読めばわかるの？ (52) 失火責任法を読んでみよう (53)
これで十分？ (53)

2 法解釈の必要性 …………………………………………………… 55
では具体的に条文に書けばいいのでは？ (55) 自転車の走る道？
(55) 自転車は「車両」？ (55) 歩行補助車・小児用の車ってな

に？（56）　結局「自転車」は？（57）　具体的に作ってあるけれど……（57）　では，「電動アシスト自転車」は？（58）

3　法解釈における留意点 …………………………………………… 59

「法解釈」してみよう（59）　①体型説（60）　②足速説（61）　③首長説（61）　④模様説（62）　⑤食物説（63）　⑥鼻輪説（63）　⑦角説（64）　その基準は明確か（64）　おかしな結論が導かれないか（65）　運用コストにも注目（65）　「角説」の分析（66）　比較法と沿革（67）

4　法解釈の限界 …………………………………………………………… 69

利息制限法に関する最高裁判決（69）　文言からあまりに離れた解釈の評価（70）

5　法学における「立法論」 ……………………………………………… 72

立法論も大切（72）　諸科学との連携も（72）

CHAPTER 5　法学の分野　74

1　実定法 …………………………………………………………………… 74

法学の分野（74）　憲法・行政法（75）　民法・商法（76）　民事訴訟法（76）　刑法・刑事訴訟法（77）　労働法・社会保障法（78）　経済法・知的財産法（78）　国際法（79）　国際私法・国際取引法（79）　「実定法」（80）

2　基礎法 …………………………………………………………………… 80

基礎法とは？（80）　実定法的アプローチ（80）　法哲学的アプローチ（81）　法社会学的アプローチ（81）　法制史的アプローチ（81）　比較法的アプローチ（82）　実定法学への影響（82）

3　隣接する他の分野 …………………………………………………… 83

CHAPTER 6　法の適用プロセス　85

1　私人間における適用プロセス ……………………………………… 85

私法的な法律関係その1：親子の間（86）　ご飯をつくってくれるのはなぜ？（86）　家出すると連れ戻されるのはなぜ？（86）　ゲーム機を取り上げられるのはなぜ？（87）　私法的な法律関係その2：電車に乗る（87）　定期券ってなに？（88）　私法的な法律関係その3：コンビニで飲み物を買う（88）　コンビニで契約？（88）　交換や返品（89）　私法的な法律関係その4：講義に出る（89）　あなたが未成年だったら（90）

2 公的主体との間における適用プロセス ……………………………… 90

公法的な法律関係その1：運転免許（90）　公法的な法律関係その2：路線バスに関わる法律（91）　公法的な法律関係その3：税金（92）　消費税を払うのは誰？（92）　公法的な法律関係その4：警察（93）　職務質問（93）

3 裁判における適用プロセス …………………………………………… 94

裁判所ってどんなところ？（94）　裁判はどのように行われるのか（94）　賃貸マンションの敷金返還請求訴訟：訴えるまで（95）　どこの裁判所に行けばよいか（96）　訴えの提起（96）　第1回期日（97）　答弁書・反訴（98）　本人訴訟，訴状・答弁書の陳述（98）　第2回期日・弁論準備手続（100）　第3回期日（101）　第4回期日：和解の勧試（102）　民事訴訟手続の進行（102）

CHAPTER 7　身近なニュースの法学的分析　105

1 沖縄の基地問題 ………………………………………………………… 106

沖縄県基地問題の背景（106）　登場人物を確認してみよう（107）　それぞれの意見を整理してみよう（107）　沖縄県側の意見の理由（108）　政府側の意見の理由（108）　沖縄県民は一枚岩？（109）　その他の「辺野古」移設反対意見（109）　いっそのこと……？（110）　米国の意見の理由は？（110）　まとめ（111）

2 オリンピック招致と原発事故 ………………………………………… 111

登場人物の確認（113）　政府関係者の意見（114）　「状況はコントロールされている」と言ったわけ（114）　国際オリンピック委員会の意見（115）　その他の勝因（115）　東京電力株式会社とその関係者の意見（117）　地元の方々の意見（117）　日本国民・東京都民の意見（118）

CHAPTER 8　ルールの意味を考える　120

1 身の回りのルールの意味 ……………………………………………… 120

あるルールが目指すこと（120）

1　水　栓　121

どちらに回すと水が出る？（121）　その理由：人間の右手の構造？（121）　ネジの回転と水栓（122）　じゃあネジの回転は？（122）　左利きの人は？（123）

2　レバー式の水栓　123

水を止めるレバーは？（123）　ルールが混在していたわけ（123）

目　次　● vii

　　　　ルール統一のきっかけは……（124）
　3　陸上トラックを走る　124
　　　　なぜ反時計回り？（125）　反時計回りの方がタイムがよい（125）
　4　回転寿司　126
　　　　お寿司を取るまで（126）　合理的なルール（126）
　5　そもそも「時計回り」について　127

② ルールの違いの意味 ……………………………………………… 128

　1　メルボルンにて　128
　　　　メルボルンの交通ルール（128）　二段階右折（129）　市民の足「トラム」（130）
　2　インドにて　131
　　　　"Please Blow Horn"（131）　なぜ "Please Blow Horn" なのか（131）
　3　ウインカーのレバー　132
　　　　ウインカーのレバーの位置（132）　日本工業規格（JIS）（134）　国際標準化機構（ISO）（134）　なぜ違いが？（134）　不合理なルールの合理性（135）
　4　左側通行・右側通行　136
　　　　左側通行の理由（137）
　5　「右」と「左」の漢字の書き順　139
　　　　なぜ違うの？（139）　毛筆の筆の流れ（139）

CHAPTER 9　意味のないルールと見えないルール　141

① 意味のないルールの意味 ……………………………………… 141

　1　自転車の右左折の際の手信号　141
　　　　自転車での奇妙なポーズ（141）　実は道路交通法で決まっている！（142）　なぜ外国人は守っていたのか？（143）　オランダにて（143）　日本の現状と自転車の手信号（143）　自転車専用レーン（144）
　2　「車は左　人は右」　144
　　　　実は道路交通法にあるルール（144）　でも守られている？（145）　そのルールがあった理由（145）　さて，現在は？（146）
　3　踏切前の一時停止　147
　　　　外国では一時停止していない？（147）　一時停止するわけ（147）　その他の理由と合理性（148）
　4　赤信号はなぜ渡ってはいけないのか　148
　　　　自動車が来ない道路の赤信号（148）　守る意味があるのか？（149）　子どもは一人で歩かない（150）

viii

2 見えないルールを見つけ出す ……………………………… 150

1 借地借家法の改正　151

「民法」と「借地借家法」(151)　「借地法」と「借家法」の時代(151)　借地人・借家人保護の時代(152)　「正当ノ事由」の中身(153)　他人に貸してはいけない⁉(153)　高級住宅地の中の畑(154)　借地借家法の登場(154)　定期借地権・定期借家権(155)

2 消費者保護の光と影　155

消費者保護とクーリング・オフ制度・説明義務(155)　事業者にかかるコスト(156)

CHAPTER 10 「法学部」をめぐる環境の変化　158

1 日本における「法学部」の位置づけ ……………………… 158

2 日本における「法学部」の誕生 …………………………… 159

法学部の必要性とその役割(159)　「法学士」のステータス(160)

3 戦後大衆社会と「法学部」の拡大 ………………………… 160

大学の大衆化と法学部の増加(160)　ビジネス社会を支える人的資源(161)

4 「法学部」の人気低下の要因 ……………………………… 161

法科大学院の不人気(162)　法科大学院と法学部，実は別物なのに……(162)　「就職するなら法学部」だったのに……(163)　新しい人気学部(163)

5 グローバリゼーションの影響 ……………………………… 164

グローバル化(164)　少子高齢化(164)　マーケットの縮小(165)　急拡大する新興国マーケット(165)　グローバリゼーションの影響(166)　グローバル化の中での法学部(166)

6 「社会人基礎力」の養成 …………………………………… 167

「社会人基礎力」とは？(167)　OJTでは間に合わない？(168)　採用方法も変わる？(168)　大学への「社会人基礎力」養成の要求(168)　何が求められているのか(169)

7 現代において望まれる法学部での教育 …………………… 170

大学の大衆化と法学部生の変化(170)　情報量の急激な増大(170)　そして法学部生の行動パターンは……(171)　外国語習得はお手のもの？(171)　法学部の復権に向けて(172)

事項索引 …………………………………………………………… 174

Column 一覧

❶ 「法科大学院」の現実 …………………………………… 4
❷ 公務員試験と法学部科目 ………………………………… 6
❸ 「裁判例」の数の変遷 …………………………………… 8
❹ 「法学」を通じて獲得すべき能力と「法科大学院」制度の導入 … 10
❺ グローバリゼーションと必要とされる人材像の変化 ………… 13
❻ 「民事裁判」と「刑事裁判」……………………………… 31
❼ 米国における法的思考力と法的コミュニケーション能力 …… 34
❽ 法的思考力や法的コミュニケーション能力は万能か？ ……… 35
❾ 権力分立と各国の対応 …………………………………… 39
❿ 裁判所と判例の法規範性 ………………………………… 41
⓫ 判例の解釈と「重大ナル過失」が認められた失火の例 ……… 54
⓬ タヌキ・ムジナ事件とムササビ・モマ事件 ………………… 67
⓭ 日本の近代化における比較法の役割と「解釈」……………… 68
⓮ 解釈の手法 ……………………………………………… 71
⓯ 米国のロースクールの下での学部教育 …………………… 73
⓰ 教養について …………………………………………… 84
⓱ 弁護士になってからの印象的な事件 ……………………… 103

＊判例・判例集の略語
最　判　　最高裁判所判決
大　判　　大審院判決
民　集　　最高裁判所民事判例集，大審院民事判例集
刑　集　　最高裁判所刑事判例集，大審院刑事判例集

第1章

「法学」を学ぶ意味

1 「法学部へようこそ！」

▶ でも，君はなぜ「法学部」に入ったのか？

　この本は，新入生として大学の法学部に入学した学生のみなさんを主たるターゲットにしています。もっとも，この本を今読んでいるみなさんの中には「法学部」の学生ではない方もいるかもしれません。例えば，他の学部の新入生ではあるが，一般教養科目の一つとしての「法学」の授業の中で，この本を読んでいる方もいるかもしれません。もちろん，本書は，そうした方々に対する「法学」の入門書としても機能するものです。しかし，本書における叙述の便宜上，ここではみなさんを「法学部」の新入生として扱わせてください。

　みなさんの多くは，新しい環境に戸惑いながらも，これからの勉強や学生生活に意欲や希望を感じているのではないでしょうか。

　しかし，ここで一度立ち止まって考えていただきたいのです。

「みなさんは，どうして『法学部』に入ったのでしょうか？」

勤務している大学で，私は「法学入門」なる講義を長らく担当してきました。そして，最初の授業の冒頭で，目をキラキラさせながら教室一杯にひしめきあって座っている新入生達に，私はいつもこの質問をぶつけてきました。

様々な入学の理由

「将来，できれば弁護士とか裁判官，検察官になりたいと思ったからです」
「僕は地元で公務員になるというのもいいかなと思っているのですが，それならば法学部だと言われたので，ここに来ました」
「何になりたいとかまだ決まっていません。でも，とりあえずは法律を知っていれば，将来，何らかの役に立つかなと思ったのですが……」
「私も何になりたいかは決まってないのですが，いずれにしても将来つぶしがきくから法学部にしとけとお父さんに言われたので，そうしました」
「どちらかというと文系科目が得意で，法学部は文系の中でも比較的難関とされている学部なので，それなら挑戦してみようと思ったというのが正直なところかな……」
「○○大学に入りたかったので，正直，学部としてはどこでもよかったのですけど……」

　こうした学生達の回答は，細かな点にまで着目すれば多種多様ですが，大きくはいくつかのパターンに分けられるようです。そして，これらの中に，みなさんの志望動機と何となく重なるものがあるのではないでしょうか。しかし，その志望動機は，本当に理にかなったものなのでしょうか？

2　「弁護士になりたい」
▶ 実務法曹になることと法学部の関係

　なぜ「法学部」に入ったのか。一つの典型的な回答は，「将来，弁護士・裁判官・検察官になりたいから『法学部』に入りました」というものです。
　しかし，この回答に対しては，即座に，次のように私から反論されてしまいます。

弁護士・裁判官・検察官になるには

確かに,「法学」を勉強しない限り,法律に関わる仕事である**弁護士・裁判官・検察官**といった職業には,もちろん就けません（なお,こうした弁護士・裁判官・検察官といった法律に関わる職業は,一般に「**実務法曹**」などと呼ばれています）。しかし,2004年以降,わが国においては,四年制大学の中に設置されている「法学部」の他に,四年制の大学を卒業した後に入学することができる大学院の一つとして,「**法科大学院**」なる教育機関が存在しています。そして,原則としては,この「法科大学院」を卒業しないと,実務法曹になるための登用試験である「**司法試験**」の受験資格がないとされています。

「法科大学院」制度は,当時進められていた**司法制度改革**の一環として,2004年から開始されました。それまでは,わが国において「法学」を勉強できる教育機関は大学の「法学部」に限られており,実務法曹になるためには「法学部」で「法学」を勉強するのが通常でした。ところが,当時の「司法試験」は極めて難関であり,「法学部」に在学中あるいは卒業してすぐに合格する者は極めて稀で,多くの司法試験受験生は卒業後も長く受験勉強を続けなければならない状況にありました。そしてその状況は,司法試験合格者の平均年齢を上昇させるとともに,卒業してから合格するまでの居場所としての「司法試験予備校」を誕生させました。やがて,受験対策マニュアルを豊富に備えた「司法試験予備校」の利用は合格のためには当たり前のものになり,そしてそれは,マニュアルが与えられれば器用にこなすが,自分自身で新たに問題解決の方策を見つけ出すことが苦手な大量の新人法曹を生み出すことにもつながりました。

こうした問題への反省から,実務法曹の養成を目的とする「法科大学院」制度が創設されました。この制度の下では,司法試験合格者数は大幅に増やされ,その結果,試験の難易度もかつてに比べれば「極めて難関」というわけではなくなりました。他方で,「法科大学院」の受験,入学後の単位取得,そして司法試験といった各段階でその都度審査がなされる結果,かつての「一発勝負」的な面がかなり払拭されました。また,「法科大学院」の教員として多くの実務法曹が採用されるに至ったため,過度に細かい知識や理論を追求するのでは

ない，より現実の実務を意識した勉強が求められるようになりました。

「法科大学院」に入学するなら……

　問題は，この「法科大学院」に入学するためには，「法学部」を卒業している必要性がないという点です。というよりも，そもそも「法科大学院」という制度が始まった理由の一つに，大学の学部レベルにおいて「法学」以外の様々な勉強を積んできた学生を，実務法曹として活用していきたいという点がありました。つまり，「法学部」以外の学部を卒業した者でも実務法曹になれるように，実務法曹になるための教育の場を大学院のレベルに移行させたという面があるのです。

　とすると，この意味で，「実務法曹になりたいから『法学部』に入った」という先ほどの学生は，「実務法曹になるためには『法学部』に入る必要はない」という現実に直面せざるをえなくなります。すなわち，その志望動機は必ずしも理にかなったものではないということになります。

「法学既修者」としての特典？

　もっとも，「法科大学院」制度についてある程度調べている学生であれば，この意地悪な指摘に，以下のように反論できるかもしれません。すなわち，「法科大学院」は3年間で修了する制度に原則としてはなっていますが，しかし，大学院入学前に「法学」を一定程度学んだ者（「法学既修者」）に対しては，取得しなければならない単位が1年間分免除される結果，2年間で卒業できるという特典があります。とすると，大学院入学前に「法学」を一定程度学ぶ場としては，四年制大学の「法学部」しか普通は考えられないので，こういった特典の恩恵を享受するために「法学部」に入ることは必要である。すなわち，実務法曹になりたいから「法学部」に入るということは，理にかなっているという反論です。

Column❶　「法科大学院」の現実

　鳴り物入りでスタートした「法科大学院」制度でしたが，現在，様々な問題に

直面しているのも事実です。そのうちの一つが,「法学」以外の様々な勉強を積んできた学生を実務法曹として活用していくという当初の狙いが,必ずしも実現されていないということです。すなわち,「法科大学院」修了後の「司法試験」の難易度が当初の見込みに比べてそれほど下がらなかったという現実の下,「法学部」で「法学」を学んだ「法学既修者」の方が結局は合格との関係で有利になるという考えから,当初はあくまで例外として位置づけられていた「法学既修者」の定員を,本来は原則である「法学未修者」の定員よりも多くする「法科大学院」が増えてしまいました。そして,そのような事情も手伝って,「法科大学院」を志向する純粋な「法学未修者」は年々減少してしまい,「法学未修者」コースには,本当は「法学既修者」なのに（卒業後の合格を確実にする等の理由により）3年間の同コースに在籍している学生が大半といった事態も少なくはないといった状況になっています。

　それでは,どうして「司法試験」の難易度はそれほど下がらなかったのでしょうか。その原因の一つは,制度発足時に「法科大学院」を設立した大学が当初の予想よりもあまりにも多かったという現実がありました。「法科大学院」を有するか否かで大学やその大学の立地する地域の「格」が変わってくる。そんな思惑の下,過剰なまでに「法科大学院」が濫立し,過剰なまでの数の「法科大学院生」が誕生してしまいました。そしてそれは,合格率における分母の著しい増加,合格率の低下を意味してしまいます。

　それでは,合格率における分子,すなわち,合格者定員についてはどうでしょうか。実は,こちらも当初の予定よりも伸びておらず,それが合格率の向上を阻む一因となっているともいえます。その背後には,この数年,合格後に新しく実務法曹となった新人,特に若い弁護士について,社会の需要に対して供給過剰となっているせいか,少なからぬ者が法律事務所にすら就職できないといった事態が発生しているという現実があります。また,合格者定員増により,若手弁護士の質が低下していると指摘されることもあります。そのため,一時期から合格者定員は抑制傾向に転じてしまっているのです。

　このような現状の下,現在,「法科大学院」の人気は以前に比べて低下傾向にあり,十分に入学者定員を集められなくなった結果,せっかく設立した「法科大学院」を廃止する大学も少なからず出始めています。

　なお,少人数教育が前提となる「法科大学院」の学費は決して安いものではないのですが,その点,および,上記の事情が影響して,現在,例外的に設置されている「法科大学院」を経ないで「司法試験」を受けられる資格を得るための「予備試験」の受験者が増加しています。もっとも,極めて難易度が高く,合格率も極めて低いために,結果として実務法曹を志望する者のほとんどについては,

「法科大学院」を経てから「司法試験」を受けて実務法曹になるという上記のプロセスに，大きな変化はないといえます。

　しかし，「法科大学院」の修了年限の1年間の差だけのために，「法学部」に入ることの意味を本当に見出せるのでしょうか。昨今の「司法試験」の現実についてもあわせてお話しすると，上記のような反論をした学生も，最後には黙ってしまうことが多いようです。

Column❷　公務員試験と法学部科目

　なぜ「法学部」に入ったのか。この質問に対する学生からのもう一つの典型的な回答として，「公務員になりたいから『法学部』に入りました」というものがあります。確かに，国や都道府県・市町村といった地方公共団体の職員になるためには，「公務員試験」なる試験を受ける必要があり，特に採用数の多い「行政職」と呼ばれる職種に就くための試験の科目には，法律系の科目が含まれています。したがって，その志望動機は一定の程度は理にかなったものといえるでしょう。

　しかし，試験科目には経済学系の科目など他の分野の科目も含まれており，そのことを考えあわせると，公務員になるために法学部が絶対的に優位であるというわけでは必ずしもありません。加えて，近年では，国や地方公共団体の厳しい財政事情，行政サービスの民営化の動きなどの影響により，公務員の採用人数や給与その他の待遇については，抑制的な傾向にあります。そのため，当初は有していた公務員への志望を途中で変更する学生も少なくはなく，その場合には上記の一定の優位性は失われることになります。

　もっとも，そのように志望を変更した場合でも，「法律を知っていれば，将来，役に立つはずである」ようにも思えます。その点は，次に，検討してみましょう。

3 法律の知識を身につけたい！ ▶法的知識の限界

　それでは，もう一つの典型的な回答，すなわち，「法律を知っていれば，将来，役に立つはずである」という回答についてはどうでしょうか。実は，この回答に対しても，即座に，以下のような反論が加えられてしまいます。

法律はけっこう変わる

　確かに，「法律」というものが，ほとんど改正がなされなかったり，新たな立法がなされなかったりする存在であるのであれば，そのようなことがいえるかもしれません。大学の4年間でしっかり学ぶことで，将来的にも，その「法律」に関する知識を様々な場面で活かしていくことができるようになるでしょう。

　しかし，かなり昔の状況であればともかく，近年は，今存在する法律が様々に改正されることが少なくはなく，また，新しく立法される法律の数も膨大なものになっています。そのため，例えば，10年前に卒業をしたみなさんの先輩達が当時，大学の「法学部」で勉強していた法律が，現在はまったく姿を変えてしまっているという事態は，決して珍しいことではありません。細かな改正にまで着目すれば，同じ法律がいまだに姿を変えずに維持されているという方がむしろ例外的であるということになるかもしれません。

裁判所の判断も次々と——判例はたまる

　また，（本書においても後に触れることになりますが）「法学」を学ぶということは，法律の条文を「お経」のように暗記するとい

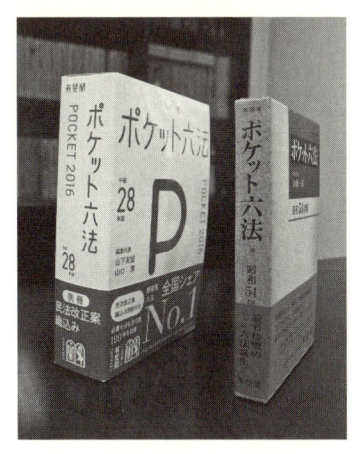

『ポケット六法』昭和54年版（第1号）と平成28年版。昭和54年版の収録法令は86件，平成28年版は199件。

> **Column ❸　「裁判例」の数の変遷**
>
> 　近年，裁判例の数も膨大になっていると述べましたが，実際の数字はどうなのでしょうか。
> 　あるデータベースを使うと，例えば，1953（昭和 28）年 1 月 1 日から 1963（昭和 38）年 1 月 1 日までの 10 年間において下された判決については，34,077 件が検索されます。これを 1973（昭和 48）年 1 月 1 日までの 20 年間にすると 64,411 件，1983（昭和 58）年 1 月 1 日までの 30 年間にすると 92,514 件になります。1993（平成 5）年 1 月 1 日までの間では 120,552 件，2003（平成 15）年 1 月 1 日までの間では 151,609 件，2013（平成 25）年 1 月 1 日までの間では実に 194,571 件になります。これらを単純に眺めただけでも，過去の法学部生に比較して，現在の法学部生が学ばなければならない裁判例の数が増加していることは，容易に想像できるでしょう。

うものではまったくありません。そこでは，抽象的に書かれた文言の意味をめぐって「**解釈**」という作業が必要となり，そうした「解釈」を示した裁判所による判断（これらは「**判例**」または「**裁判例**」などと呼ばれています）が莫大な数で下されています。そして，こうした「判例」または「裁判例」についても，10 年前に卒業をしたみなさんの先輩達が大学の「法学部」で勉強していた頃と比べて，確実に増えているのです。

「法学部」で学ぶことができる法的知識の限界

　とすると，「法学部」に在籍した期間内でみなさんが学ぶ法的な知識には，実は，限界があるということになります。その限界とは，一つには，先ほど述べたように，莫大な数の法律が新たに制定されたり，改正されたり，新たな判例・裁判例がどんどん付け加わっていくことにより，みなさんが今勉強して修得した法的な知識が，10 年後にはもはや古い情報になってしまい，役に立たないという可能性があるということです。むしろ，その可能性について意識をせず，ついついもはや古くなってしまった法的知識を現在の問題に対して振りかざした結果，「誤った」対応をしてしまう危険すらあるといえるのです。

もっとも，その10年間，法律の新規制定・改正や新たな判例・裁判例を継続的に勉強し続けるのであれば，そのような危険性はないかもしれません。しかし，実務法曹という職業に就くのなら別ですが，そうでない限り，社会人になってからもそのような勉強を続けていくことは，実際にはとても無理でしょう。このように，法的知識は時とともに古くならざるをえないという現実がある限り，「法的知識を身につけられる」から「法学部」に入るという志望動機には，一定の限界があるといえます。

　また，もう一つには，かなり昔ならともかく，法律や判例・裁判例が大量に存在し，さらに，新たな法分野が様々に出現しているといった現代の「法学」の状況の前には，大学の4年間だけで身につけられる分量に，そもそもの限りがあるとも言わざるをえません。しかも，近年の就職活動の早期化・長期化によって，4年間の学生生活の中で勉強のために実質的に割くことができる時間が狭められてきているというのが現実なのです。

　とすると，たった4年間「法学部」に入ったからといって，本当に「法的知識を身につけられる」のでしょうか？

4. 法学を学ぶことで獲得できる知的能力とは？

「つぶしがきく」ってどういうこと？

　このように見てくると，法的な知識を獲得できるという点だけに「法学部」で学ぶことの意義を見出すことには，一定の限界があるように思えてきます。それでは，他に意義はないのでしょうか？

　ここで，もう一つの典型的な回答，すなわち，「将来つぶしがきくから法学部に」という回答について検討してみたいと思います。ここに言う「つぶしがきく」とはいったい何なのでしょうか？

　ここで一つ確認すべきは，「つぶしがきく」理由につき，法的な知識を有しているからであるとするとすれば，その答えに対しては先ほどの批判・反論が全て当てはまってしまうということです。すなわち，法的な知識を有している

こと以外に,「法学部」の卒業生が社会に出てから「つぶしがきく」理由を見出さなければなりません。

「法学」を通じて獲得すべき知的能力

ところで,みなさんは,「あの人は頭がいい」という場合に,実は,二種類の意味があるということにお気づきでしょうか。一つは,「いろいろな知識を有している」という意味において「頭がいい」という場合です。そしてもう一つは,「頭の回転が速い」という意味において「頭がいい」という場合です。

既に述べたように,知識を有しているから「つぶしがきく」とは必ずしもいえない以上,法学部卒業生の「つぶしがきく」点については,「頭の回転」の方にそれを求めることができるのではないのでしょうか。すなわち,「法学」を学ぶことで無意識のうちに獲得できるある種の知的な能力があり,その知的能力を有する者がこれまでのわが国社会において必要とされる人材として「重宝」されてきたということです。

では,その知的能力とは何でしょうか？ 実は,この問いに答えることは,「法学部」で勉強することの意味であると同時に,「法学」あるいは「法」とは何か,「法学」あるいは「法」が本質的に有している特徴とは何なのかという問いに答えることになります。そして,その答えは,本書全体を通じて明らかにされていくものになります。

そうはいっても,今すぐに,その答えを知りたい方は多いでしょう。それでは,そうした方々のために,これまでのわが国の社会がどのような資質の人々を社会の重要な構成要素として必要としてきたのかという観点から,その知的能力のある種のイメージに逆に迫ってみたいと思います。

Column ❹ 「法学」を通じて獲得すべき能力と「法科大学院」制度の導入

先に述べたように,「法科大学院」制度が導入された要因の一つに,受験対策マニュアルを豊富に備えた「司法試験予備校」の利用が恒常化したことにより,マニュアルが与えられれば器用にこなすが,自分自身で新たに問題解決の方策を見つけ出すことが苦手な大量の新人法曹が生み出されるようになったといった点

がありました。「Aと聞かれた場合にはXと答える」「Bと聞かれた場合にはYと答える」。このようなマニュアルを大量に暗記し、試験の際に出題にあわせて吐き出すことは、当時の「司法試験」に短期合格するためには効果的な戦略でした。

　しかし、合格後、弁護士となった暁に扱う様々な事件には、一つとして同じものはありません。それぞれに必ず何らかの特徴があり、また、これまでにだれも考えてこなかった新しい問題を含んでいることも少なくはありません。そうした新しい問題の新しい解決法を柔軟に考え出すのも実務法曹が担うべき重要な役割ですが、先ほど述べた「マニュアル思考」にあまりに慣れてしまうと、それが難しくなる傾向にあるようです。つまり、「法科大学院」制度の導入が検討されるようになった時点においては、当時の「司法試験」の合格のために「効果的」に「法学」を勉強すればするほど、逆に、ある種の「知的能力」が失われていくといった状況が生まれており、大量に出現する「マニュアル思考」型の新人法曹を前に、シニアの法曹が呆然とするという事態も生じていました。そこで、「一発勝負」的な体制を改めることで「司法試験」の勉強方法それ自体をマニュアル型からできる限り解き放ち、少人数体制で時間をかけて責任をもって養成がなされる「法科大学院」制度が導入されることになったのです。

　現在の「法科大学院」が当時の目標・理想をどこまで実現できているかはともかく、当時の関係者が当時の実務法曹登用システムに重大な問題、すなわち、「法学」の勉強の仕方次第では獲得されるべき知的能力が必ずしも獲得されないという問題があることに気がつき、それが制度の大転換につながったことには、十分な注意が払われるべきでしょう。

 社会において必要とされてきた人材

家屋の修繕とマンションの修繕

　例えば、あなたが所有し、住んでいる家屋が老朽化してきたとしましょう。このまま放置していると、上下水道の配管に支障が生じたり、ガス漏れや漏電が起こったりして、あなたの生活に様々な問題が生じることになります。また、

さらに老朽化が進めば，倒壊の危険すら生ずるかもしれません。そうした状況において，あなたは，家屋の修繕を考えざるをえなくなりますが，その際，とりあえずは問題が生じている部分のみを小規模に修繕するか，将来のことを考えて大規模な修繕を行うか，検討する必要が出てきます。いや，さらに将来のことを考えた場合には，いっそのこと取り壊して新しい家屋を建てた方がいいかもしれません。

そうした検討には，あなたが一人暮らしであれば，あなたの貯金の額や一時的な引っ越しから生ずる不便などを考え合わせた上で，自分一人で行えばいいだけですから，それほど困難はともなわないでしょう。しかし，あなたが家族と住んでいる場合には，その検討は少しだけ複雑なものになり，意見がまとまるまでいくらか時間がかかることになるかもしれません。さらに，家屋は自分の持ちものだが，土地は他の人の持ちものだというような場合には，その人も何か言ってくるかもしれません。

ところが，あなたの住まいが共同住宅，すなわち，マンションであった場合には，こうした検討は飛躍的に複雑なものになります。上下水道やガスの配管，電気の配線，外壁その他の修繕は，共同で一括して行わなければ意味がないものがほとんどであり，それをどの程度，どのタイミングで行うのかについて，住民全員の意見の一致をみるのはなかなか難しいのです。それは，それぞれの世帯ごとに貯金の額や一時的な引っ越しから生ずる不便など，様々に事情が異なっているからであり，完全な一致は究極的には不可能といえるかもしれません。しかし，だからといって放置していたのでは，生活への支障が次々に生じ，ひいては，マンションの倒壊といった事態まで招きかねません。

現代社会における様々な利益とその対立

現代の社会においては，様々な利益を有する様々な人々が一緒に生活しています。その利益は，時に対立しあうものになり，争いのもとになることさえあります。とすると，**対立する利益をうまく調整**することが必要になりますが，それはそれほど簡単にはいきません。まず，どのような利益が対立しているのか，そのこと自体を理解する必要があります。対立する利益が複数存在し，複雑に絡み合って，何がどのように対立しているのかが一見わからないというこ

とも少なくないからです。

また，争いのポイント，利益対立の状況について自分自身は理解できたとしても，そのことを相手方，あるいは，**対立する両者にわかりやすく説明**できなければなりません。そうでなければ，相手方との間で**交渉**をする糸口さえ見つからず，あるいは，いきりたった複数の当事者間において解決に向けた努力を始めることも覚束ないということになります。

社会において必要とされてきた人材

このように見てくると，現代社会において必要とされる人材とは，**複雑に絡み合う問題をきちんと整理**した上で**真の問題点を見出せる力**を有する者であり，また，その分析について**説得力ある形で他者にも説明ができる**者であるということになります。そして，「法学」を学んだ者が現代社会の中で「重宝」されてきた面があるとすれば，それは，そうした人々がこの種の知的な能力を「法学」を学ぶ過程で無意識に身につけていたからではないのでしょうか。

本書では，こうした知的な能力を「**法的思考力**」，「**法的コミュニケーション能力**」と仮に呼ぶこととしますが，それがどうして「法学」を学ぶ過程で獲得できるのか，「法学」あるいは「法」にどのような特徴があるために獲得できるのかについては，第**2**章以下で順を追って説明していきたいと思います。それでは，改めまして，

「法学部へようこそ！」

Column ❺　グローバリゼーションと必要とされる人材像の変化

以上のように，「法学」を学ぶ意味について，現代社会において必要とされる知的な能力との関係で論じてきましたが，特に近年においては，日本社会がグローバル化の波に本格的にさらされるようになった結果，必要とされる人材像にさらなる変化が生じているように感じられてなりません。もちろんそれは，「法的思考力」，「法的コミュニケーション能力」といった知的な能力が必要ではなくなったということを意味するものではありません。むしろ，その重要性はさらに増大しているのですが，それと同時に，外国語能力，さらには，異なる文化に所属

する者と円滑なコミュニケーションをとれるだけの異なる文化・習慣に対する理解能力が，あわせて必要になっているように思えます。

　しかし，よく考えてみれば，これは当たり前のことです。私たちをとりまく環境がグローバル化したということは，「複雑に絡み合う問題」それ自体に国際的な要素が入り込んでいることを意味し，それを「きちんと整理した上で真の問題点を見出せる」ためには，そして，「その分析について説得力ある形で」外国人をも含めた「他者」に「説明ができる」ためには，先に述べた**外国語能力**や**異文化コミュニケーション能力**がどうしても追加的に必要になるからです。そして，そのことはこれからの時代の「法学」教育のあるべき姿にも影響を与えざるをえないと考えられますが，この点については第 **10** 章で詳しく論じたいと思います。

QUESTION

- □ 1 あなたはどうして法学部に入ったのでしょうか。もう一度，自分の志望動機を思い出してみましょう。
- □ 2 複数の利害が複雑に絡み合いながら対立するような事例を，あなたの日常生活の中から見つけてみましょう。

第2章 「法学」とは何か

1　狭義の「法学」と広義の「法学」

　第1章では，法学部で勉強することの意味を考えていく中で，法学を学ぶとはどういうことなのか，どのような知的能力を獲得できるのか，考えてもらいました。実務法曹になるためには，現在，必ずしも法学部を卒業していなくても入学できる「法科大学院」が用意されています。また，残念ながら，十分な法的知識を獲得するためには大学の4年間はあまりにも短すぎ，かつ，そこで獲得した法的知識がすぐに古くなってしまうほど現代の法律・裁判例の変化は激しいと言わざるをえません。そのようなことから，知識以外の面での法学の勉強の効用は何か，考えてもらったわけです。

　そして，辿りついた一つの答えが，本書に言う「法的思考力」「法的コミュニケーション能力」の獲得でありました。法学をしっかりと学ぶことで，この能力が無意識的にでも身についてしまう。とすると，法学をしっかりと学んでいる人は，社会において必要な人材として重宝されることが多く，それが，「つぶしがきく」法学部という評価につながっていたという答えであります。

　こうした観点から，本書では，「**法的知識**」を学ぶための勉強を「**狭い意味で**

の法学」と呼ぶこととします。これに対して,「**法的思考力**」「**法的コミュニケーション能力**」を獲得するための勉強を「**広い意味での法学**」と呼ぶこととします。両者は決して相矛盾するものではなく,法学部でしっかり学んでいる限りにおいては,両方とも一定のレベルまで到達することができます。

特に第1章では,後者の意味での法学の意義を強調するために,前者の意味での法学の限界ばかり述べてきましたが,少し大げさに述べすぎたかもしれません。すなわち,最新の法情報についてはフォローしきれないことを十分にわかっていれば,基本的な法的知識を身につけていることは,社会生活を営む上で立派な「武器」となります。以下では,まず,「狭い意味での法学」の意義について,もう少し詳しく見ましょう。

狭義の「法学」と法的知識

法的知識を一定程度有していれば,様々なトラブルに見舞われた時に,その知識を活用することでトラブル解決の糸口を見出すことができます。以下に,私達の身の回りで起こりそうな様々なトラブルを挙げてみました。

> **こんなときどうするか？　どうなるのか？**
> ① 電話でピザのデリバリーを頼んだとき,「M」を「1枚」と言ったつもりだったのに,風邪をひいていて鼻声であったためか,「L」が「8枚」届いた。
> ② インターネット通販で10個と打ち込むつもりが,100個と打ち込んで申し込みボタンを押してしまった。翌日,品物が100個届いた。
> ③ 中古のパソコンをネットオークションで買ったところ,思っていたのと違う色だった。
> ④ 中古のパソコンをネットオークションで買ったところ,思わぬ欠陥があって処理速度が異常に遅い。
> ⑤ スマホのバッテリーの充電が切れかかっていたので,スーパーのコンセントの差込口から充電していたところ,店員に捕まった。
> ⑥ 夜に友人の家に遊びにいくのに,自宅近くにいつも停めてあった自転車を無断で借りた。もちろん返すつもりだったが,途中で警察に捕まった。

⑦ 酔っ払って意識がなくなっている間に、居酒屋の奥のオフィスに置かれていたマスコット人形を持ち帰ろうとしてしまったらしく、意識が戻った今、警察に捕まっている。

　もちろん、みなさんは法学をこれから勉強していくわけですから、それぞれのトラブルに対して、どのように対応するのが法的に正しいのか、今すぐ答えてくださいなどと要求しているわけではありません。まずは、法がどのような解決策を用意しているのか、自分なりに予想してみましょう。

「六法」を引こう！

　その上で、次に、ヒントとして関連する**法律・条文**を示しますので、それらを実際に「**六法**」（法令が収録されている本のニックネーム。7頁の写真参照）を引いて探してみて、その意味を自分なりに考えてみましょう。

　なお、ここでは本当に「六法」を引いてみて、**実際の条文を必ず確認してく**ださい。本書はこれから法学を学ぶ学生のための手引きでありますが、法学を学ぶ過程では実際に条文を引くことが極めて重要になります。しかしこの作業は、意外に骨の折れるものであり、慣れていないとなかなか目的の条文に辿りつくことができません。しかも、条文では独特の言い回しが使われているので、慣れていないと、その意味・内容を理解するために大変時間がかかってしまいます。したがって、「六法」を引くことに慣れることそれ自体が、法学の初学者にとって非常に重要なことなのです。ここは是非、労を厭わずに自分で「六法」を引いてみましょう。

関連する法律・条文

　それでは、関連する条文ですが、まずは①②については、民法95条と「電子消費者契約及び電子承諾通知に関する民法の特例に関する法律（電子消費者契約法）」という名の法律の3条が関係します。

　他方、③④については、民法562条が関係します。

　そして、最後に⑤⑥⑦については刑法235条が関係しますが、⑤については刑法245条も同時に関係し、また、⑦については特に刑法39条も同時に関係

します。

それでは，それぞれのトラブルに関して「六法」を引き，条文を実際に見てみましょう。そしてその上で，それぞれの条文がそれぞれのトラブルについてどのような解を与えているのか，自分なりに考えてみましょう。

民法95条

では，解答編です。まず，①②のトラブルに関係する民法95条ですが，その本文は「意思表示は，法律行為の要素に錯誤があったときは，無効とする」と定めています。ここに言う「錯誤」とは，①のように，「Mを1枚」と言うつもりであったのに，「Lを8枚」と聞こえるように言ってしまった場合，すなわち，**真意と実際の表示の間に不一致**があるような状態を指します。とすると，民法95条の文言からは，Mサイズのピザが1枚届くのか，それとも，Lサイズのピザが8枚届くのかという違いが，**法律行為の要素**についてのものであれば，この注文を**無効**にできるということになります。

それでは，何が「要素」に当たるのかですが，この点については将来の「民法」の講義で詳しく勉強してもらうとして，少なくともここでは，大きなパーティーでも開かない限り，通常，Lサイズのピザを8枚も頼むことはとてもないでしょうから，「要素」に「錯誤」がある場合であると考え，先に進みましょう。

ここでさらに，民法95条の残りの「ただし，表意者に重大な過失があったときは，表意者は，自らその無効を主張することができない」という，**ただし書**の部分に目を向けてみましょう。すなわち，この部分は，「要素」について真意と実際の表示の間に不一致があれば常に「無効」にできるというわけではなく，注文者つまり「表意者」に「重大な過失」があれば「無効を主張」できないと定めているのです。とすると，無効にできるか否かは，①の注文に**「重大な過失」**があったか否か次第であるということになります。

それでは「風邪をひいていて鼻声であった」ために「Lを8枚」と聞こえてしまうような注文をしてしまったことに，「重大な過失」を認めることができるでしょうか。この点については，何をもって「重大な過失」というべきであるかという点とともに，自分なりに考え，また，将来の「民法」の講義でしっ

かりと勉強してください。

電子消費者契約法

　ところで，以上のことは，②のようなトラブルにも当てはまるように思えます。①との違いは，電話で注文したのか，それとも，インターネットで注文したかにすぎず，**真意と実際の表示に不一致**という「**錯誤**」があったという点では，同様の事案といえるからです。しかし，②のようなインターネット取引については，民法95条の特則として，「**電子消費者契約法**」なる法律が用意されており，その3条本文は，「**重大な過失**」があれば「**無効を主張**」できないとする民法95条ただし書を，一定の場合には「**適用しない**」と定めています。そして，その一定の場合につき丁寧に読んでいくと，まさに②のような場合はそれに当てはまるということがわかります。

　それでは，②のようなインターネット取引では，真意と実際の表示に不一致があった場合には，いつでも「無効を主張」できるのでしょうか。ここでさらに，電子消費者契約法3条の残り，ただし書の部分を見てみましょう。そこでは，例えば，「相手方である事業者」が，「電磁的方法によりその映像面を介して，その消費者の申込み若しくはその承諾の意思表示を行う**意思の有無について確認を求める措置を講じた場合**」には，「**この限りでない**」と定められています。すなわち，注文者に「重大な過失」があったか否か次第で「無効を主張」できるか否かを決める民法95条とは異なり，相手方がインターネット取引の**過程**で**注文確認画面**を用意していた否か次第で「無効を主張」できるか否かを決めているのです。

　では，どうしてインターネット取引については，「錯誤」に関する民法95条の**ルールが変更**されているのでしょうか。ここで，自分がパソコンを利用して作業をする場面を想像してみましょう。キーボードを叩いたり，スクリーンをタッチして入力する際に手が滑って，思わず「10」と打つべきところを無意識に「100」と打ってしまったことはないでしょうか。そうです。インターネット取引では，通常の取引に比べ，うっかりした「真意と実際の表示の不一致」がより発生しやすいのです。それは，そもそも判定が難しい「重大な過失」をめぐる争いを増加させてしまうことを意味するため，〈「重大な過失」の有無とは

2　狭義の「法学」と法的知識　●　19

異なる）**より判定が容易な基準**を導入する必要が生じます。そしてその基準こそが，インターネット取引を行う事業者が注文確認の画面を用意していたか否かというものであったのです。

　その結果，注文に「重大な過失」があったか否かという，判定が難しい曖昧な基準を用いることなく，注文確認の画面が用意されていなかったならば「錯誤」による「無効の主張」が可能であるが，画面が用意されていたならば，自分の注文内容を再確認する機会があったにもかかわらずそれを怠って注文をした者に「無効の主張」はさせないという明快な処理が可能になりました。

　したがって，②のトラブルの処理は，（注文者の「重大な過失」次第である①とは異なり）相手方たる事業者が注文確認画面をきちんと設定していたか否か次第であるということになるのです。

民法562条

　それでは，民法562条が関係する③④についてはどうでしょうか。この点は近時の民法改正前は，民法570条が規律していました。「売主の**瑕疵担保責任**（カシ）」と呼ばれる規定であり，取引の対象にキズや故障（これを「瑕疵」と呼んでいます）があった場合に，民法566条を「準用する」としていました。ここに言う「**準用**」とは，「当然に必要な修正を加えた上で適用する」ことを意味しており，この場合には，民法570条が定める状況下においては，民法566条の規定を当然に必要な修正を加えた上で適用することを意味することになります。

　それでは，民法566条とはどのような規定なのでしょうか。この点，民法566条1項は，「買主がこれを知らず，かつ，そのために契約をした目的を達することができないときは，買主は，**契約の解除**をすることができ」，「契約の解除をすることができないときは，**損害賠償の請求**のみをすることができる」と定めていました。すなわち，民法570条と民法566条をあわせて読むと，購入の目的が達せられないような隠れたキズや故障があった場合には，取引を白紙に戻すことができると定めているということがわかるわけです。

　民法改正後，この規定は民法562条となり，内容も「目的物が」「契約の内容に適合しない」場合に「履行の追完」を請求できるとの規定に変わりました。

　この観点から③のトラブルを見ると，「思っていたのと違う色だった」こと

20 ● CHAPTER 2　「法学」とは何か

が，パソコンという道具を使用する目的との関係で，はたして「そのために契約をした目的を達することができない」というレベルの「瑕疵」あるいは「不適合」であるといえるのかは疑問であるかもしれません。これに対し④は，「思わぬ欠陥があって処理速度が異常に遅い」となると，パソコンという道具を使用する目的を達することができない可能性が高いということになるでしょう。

窃盗罪

次に，⑤⑥⑦に関係する刑法 235 条ですが，「他人の財物を窃取した者は，窃盗の罪とし，10 年以下の懲役又は 50 万円以下の罰金に処する」と定められています。では，⑤⑥⑦それぞれ**「他人の財物を窃取」**したといえるでしょうか。

まず，⑤に関しては，「他人」であるスーパーから同意もなく電気を「**窃取**」しているといえますが，問題は目に見えない「**電気**」なる存在が「**財物**」といえるかです。この点で，何をもって「財物」というべきであるかが問題になるともいえ，それは，是非，将来の「刑法」の講義で勉強してもらいたいと思いますが，しかし，電気に関してだけは実はあまり悩まなくて済みます。すなわち，刑法 245 条が「電気は，財物とみなす」と別に定めているのであり，その結果，⑤については窃盗罪が成立する可能性が高いといえるでしょう。

他方，⑥については，「他人の財物」である「自転車」を持ち主の同意なく利用しているわけですが，問題は「返すつもりだった」という点です。「**使用窃盗**」と呼ばれる類型であり，最終的に自分のものにするつもりがなかったのであれば，「窃取」したといえないのではないか，窃盗罪には問えないのではないのか，問題になりうるともいえます。しかし，裁判例も多くの学説も，このような「使用窃盗」であっても窃盗罪は成立すると結論づけています。それはなぜなのか，この点も詳しくは将来の「刑法」の講義でしっかり勉強してもらいたいと思います。

最後に，⑦については，「他人の財物」である（居酒屋の奥の）オフィスに置かれていたマスコット人形を，同意なく「窃取」しているわけですが，「酔っ払って意識がなくなって」いた点が，刑法 39 条との関係で問題になります。すなわち，刑法 39 条 1 項は「心神喪失者の行為は，罰しない」と定めており，「酔っ払って」の結果とはいえ「**心神喪失**」状態になっていたとしたら，罰を

受けずに済むようにも見えるわけです。しかし，裁判例も多くの学説も，このように「酔っ払って」の「心神喪失」状態には，きちんと罰が加えられると結論づけています。それはなぜなのか，この点も詳しくは将来の「刑法」の講義でしっかり勉強してもらいたいと思います。

以上，⑤⑥⑦の三つのケースを見てきましたが，みなさん，日常生活の中でこんなことをしたことはありませんか？　大丈夫でしょうか？

法的知識も大きな武器

以上につき，みなさんの予想，そして，条文の自分なりの読解は，上記の解説と違っていたでしょうか？　違っているとしたら，なぜ，自分の分析と異なっているのか，もう一度，考えてみましょう。

ここで検討した事例は，みなさんが日常生活を営む中で，巻き込まれてもおかしくはない事例ばかりだと思います。その際，**法的知識**を有しているか否かによって，問題を解決できる，あるいは，問題そのものを事前に避けることができるといえます。もちろん，その際，（法学部を卒業してから時間が経っていればいるほど）最新の法情報についてはフォローしきれていない可能性があることについては，覚えておかなければなりません。しかし，その点に気をつけてさえいれば，法的知識を有していることそれ自体は，みなさんにとって大きな「**武器**」になるともいえます。

3　広義の「法学」と「法」の必要性

それでは，もう一つの「広義の法学」については，どうでしょうか。第1章では，なぜ，法学を勉強すると「思考力」そして「コミュニケーション能力」という，社会で必要とされる資質を無意識に身につけることができるのか，その理由についてはあえて詳しくは述べずにいました。そこで，ここで詳しく説明してみたいと思います。

まずは，以下の事例につき読んでみましょう。

Case　交通事故の事例

　大学生Ｘは，夜，彼女との待ち合わせ時間に遅れていたため，大学正門前の横断歩道を赤信号であるにもかかわらず無灯火の自転車で渡ろうとして，制限速度を超えるスピードを出していたトラックに轢かれた。
　Ｘは，事故の結果，下半身の自由がきかなくなり，長期の入院のために進級が遅れ，さらに，現在も車椅子での登校にかなりの不自由を感じている。また，彼女との関係も，事故をきっかけに切れてしまった。
　他方，トラックを運転していたＹも，事故を避けようと急ハンドルを切ったため，大学の建物に正面衝突し怪我を負った。その後遺症により，現在，長時間の労働ができない状況にある。なお，Ｙには，妻と高校に通う二人の子どもがいる。

　この事例を読んで，どう思われたでしょうか？　ＸはＹに対して**損害賠償請求**ができるでしょうか？　できるとして，どのくらいの金額が妥当でしょうか？　それはなぜでしょうか？

　また，他の学生はどのように考えるでしょうか？　是非，周りの学生が上記の質問に対してどのように考えたか，聞いてみてください。そして，あなたの答えと違いがあるのであれば，それはなぜなのかを考えてみてください。

　私の「法学入門」の講義の中でも，学生達に何人かのグループをつくってもらって，この質問について自由に議論をしてもらっています。その議論の様子をのぞいてみると，実に様々な答えが出てくることがわかります。

みんなの意見；どっちが悪い？

Ａ：「私は，ＹがＸの損害に対して賠償するのは当然だと思います。自動車事故によってひどいめにあったのですから，その償いはきちんとされるべきです」

Ｂ：「でも，Ｘは赤信号を無視したんだよ。その結果，車に轢かれたわけだから，その点は考慮されないとおかしいよ。もしも，Ｘがきちんと交通ルールを守っていれば，そもそもこんな事故なんて起きなかったはずなんだから」

Ｃ：「いやいや，確かにＸは赤信号の無視という点では問題だけど，Ｙはそもそもスピード違反をしていたわけだから，そっちの方がより問題だと思うね。もしもスピード違反をしていなければ，突然に自転車が飛び出してきたとしても，ギリギリで

止まれたかもしれないじゃないか」
D：「いやぁ，夜に運転していたことを考慮に入れると，突然に飛び出してくる自転車を避けるなんて，絶対に無理だよ。制限スピードを超えていたかどうかは，あまり関係ないね」
A：「確かに，どっちにも悪い面があります。でも，自転車と自動車なら，自動車の方が責任をとる。これが常識じゃないかと思います」
D：「でも，最近の自転車のマナーの悪さはひどいよ。しかも，Xは無灯火でしょう」
C：「いやいや，この事例で自転車がライトを点けていたかどうかは，関係ないでしょう。仮に点けていたとしても，本件事故は起こったと思います。第一，自分もライトを点けるのをよく忘れるし……」

このように，自転車の運転者であるXにも，自動車の運転者であるYにも一定の非があるこの事例をめぐっては，**人によって様々に見方が異なる**ことが多いように思えます。またその際，その学生が，自動車を運転する経験が日常的にあるのか，それとも，自転車の運転くらいしかしないのか（さらには自転車の運転すらせずにもっぱら歩行者でいるのか）といった学生各々のバックグラウンドが，この事例の見方に影響を与えているように思われることが少なくありません。

みんなの意見；どっちがかわいそう？

A：「でも，Xの受けた被害はひどすぎます。下半身の自由がきかなくなり，日常生活が車椅子になってしまったなんて。自分がXなら，絶対にYを許せないと思います」
C：「それに，長期の入院を強いられて，進級まで遅れたという点もかわいそうだね」
B：「確かに，彼女と別れることになってしまったなんて，身につまされるなぁ」
D：「いや，普通，こんな状態になって別れるなんて，その彼女がおかしい，残酷すぎるよ」
B：「そうかもしれないなぁ。しかも，彼女に会うために赤信号まで無視して行ったのに」
A：「いやいや，そんな男，無理です。信号くらい待てって思います」

D:「でも,自分のために夢中で駆けつけてくれることは,うれしく思うだろ」
A:「恋愛で周りが見えなくなるような人は駄目です」
C:「あーあ,だからお前は彼氏ができないんだ」
A:「それは今関係ないでしょう!」

　この事例には,Xの被った被害と同時に,Xが赤信号を無視してしまった動機も描かれていますが,その点についても,各学生の性格やバックグラウンドにより,評価が異なってくるようです。

D:「でも,Yもかわいそうだな。もう,後遺症によって長時間の労働ができなくなったわけだから,トラックの運転の仕事も辞めなくてはならないんじゃないかな。そうすると,これからの生活とかが大変そうに思えてならないよ」
A:「それは自業自得です」
B:「そうかな,そもそもXが赤信号を無視しなきゃ,こんなことにはならなかったんだぜ」
C:「それを言うなら,Yのスピード違反だって問題だろう」

当事者達だけではない

B:「ちょっと待って。かわいそうな人は,多分,他にもいると思うよ。Yが働けなくなれば,奥さんが働かなくてはならないし,その収入が十分でなければ,Yの二人のお子さんだって,高校を辞めなければならないかもしれないんじゃない?」
C:「それは,Yが事故を起こしたんだから仕方ないだろう」
A:「でもXは,何だかんだいっても,大学に行けているわけでしょう。それと比べると,何か割り切れない思いはあるかも。ただでさえ大変になったYの一家に,さらに損害賠償を強いるのは,ちょっとかわいそうな気もしてきた」
D:「そうだね。第一,そもそも払えないでしょう」
C:「じゃあ,このままXに泣き寝入りをしろと言うわけ?」

　このように,この事例には,XとY以外の人々も登場してきます。実際,現実に起こる様々な事件においては,当事者のみならず,その**周辺の人々の運**

命も当該事件により左右されますが、そうした事情をどこまで取り込むかによって、事件の印象は変わらざるをえません。そして、**どの範囲にまで取り込むべき事情を広げるか**についても、各々のバックグラウンドにより異なってくるのです。

そんなみんなが裁判官だったら

ところで、ここで注意してほしいのは、上記で紹介したような学生達がもしも裁判官であったとしたら、どうなるかということです。人間である以上、それぞれが今に至るまでに様々なバックグラウンドを抱えており、それらも影響して、それぞれが特有の性格を有しています（それらは「**個性**」と呼ばれることもあります）。そうした人々が、何の手掛かりも与えられずに先ほどの事例に対して判断を下すことを求められた場合、ある者は、自動車の運転者に対して厳しい態度をとるかもしれませんし、別の者は、むしろ自転車の勝手な運転を問題視するかもしれません。また、ある者は赤信号の無視という点を重大視するかもしれず、別の者はスピード違反の方を重大視するかもしれません。ある者は、被害者の下半身不随という点が最も深刻であると考えるかもしれませんが、別の者は、加害者の家庭の事情が気になってしまうかもしれません。また、恋愛というものが、その人の人生にとってどれだけの価値を占めるかといったことも、判断を左右するかもしれません。

とすると、もしも何らの仕組みも用意せず、ただ裁判官としてこの事例に関して、損害賠償請求を認めるか、（認めるとして）どのくらいの金額を認めるかといった点について判断を迫られたとすると、どの人が裁判官になるかによって結論が大きく異なってしまうという問題に、直面せざるをえなくなるということになります。

このことは、逆にいえば、**だれが判断権者になったとしても同じような結論が出る仕組みを用意しないと、極めて不公平な結果**が生じてしまうということをも意味します。すなわち、裁判官も従わなければならない何か、つまり、**裁判官をも拘束するような何か**が必要なのであり、これこそが「**法**」の一つの重要な役割なのです。

4 「法」の構造と特性

民法 709 条を見てみよう

それでは，判断権者をも拘束する「法」とは，具体的にどのようなものなのでしょうか。

少し「法学」について勉強した者であれば，先ほどの事例に対してわが国の民法が用意している「法」として，民法 709 条の存在にすぐ気がつくと思います。すなわち，民法 709 条は，以下のように規定しています。

> **民法 709 条（不法行為による損害賠償）**
> 故意又は過失によって他人の権利又は法律上保護される利益を侵害した者は，これによって生じた損害を賠償する責任を負う。

一見，無味乾燥な極めて短い文にすぎませんが，実は，この一文の中に，判断権者たる裁判官を拘束する仕組みがきっちりと埋め込まれているのです。すなわち，この一文は，以下のように分節化することができます。

> 〈故意又は過失〉によって〈他人の権利又は法律上保護される利益を侵害〉した〈者〉は，これに〈よって〉〈生じた損害〉を賠償する責任を負う。

損害賠償を認めてもらえる条件

つまり，先ほどの事例のような交通事故に関する損害賠償請求権（「不法行為に基づく損害賠償請求権」と呼ばれます）の成立には，

① 故意又は過失がある行為（〈故意又は過失〉）
② 権利・利益の侵害（〈他人の権利又は法律上保護される利益を侵害〉）
③ 損害の発生（〈生じた損害〉）
④ 因果関係（〈よって〉）
⑤ 責任能力者（〈者〉）

が必要であると明示されているわけです（より細かくは，上記の一文をいかに分節化し，そこにいかなる意義を見出すかについて，学説間に対立が無いわけではないのですが，その点に関しては，より学習が進んだ後に，「民法」の授業で学んでください）。

逆にいえば，裁判官は，こうした条件（法学では「**要件**」と呼ばれます）が満たされない限りは不法行為に基づく損害賠償請求権の成立を認めることができず，また，これ以外の要件については（この条文の限りでは）考慮しなくても構わないということになります。

この事例はどうなる？

この観点から，先ほどのケースを見てみましょう（もっとも，各要件の具体的な内容については，今，法学を学び始めたみなさんには，まだ理解が覚束ないところがあると思います。しかし，その点はとりあえず無視して，考えてください）。

まず，①「**故意又は過失がある行為**」については，YがXを自動車で轢いたという行為があり，その行為においてYには少なくとも前方不注意という過失があるといわざるをえません。加えて，Yにはスピード違反という過失をも見出すことができます。

次に，②「**権利・利益の侵害**」については，当該事故の結果，Xの身体に下半身不随という深刻なダメージをもたらしたわけですから，この要件も具備しているといえましょう。

さらに，③「**損害の発生**」については，その結果，Xは長期の入院を余儀なくされ，大学においては進級すら遅れてしまったという被害を受けました。加えて，今後の生活や将来設計を考えると，その損害は多大なものであるといえましょう。もっとも，彼女を失ったことについて，ここにいう「損害」と評価できるかについては，（相手の気持ちもあることですから）簡単には判断できないと思われます。

他方，④「**因果関係**」については，本件における一連の出来事において因果の連鎖を否定するべき特殊な事情を見出すことができない以上，これを認めるのが自然であると考えられます。もっとも，例えば，Xの入院が，事故を契機として発覚したXの持病によるものである，あるいは，下半身不随という結果がXの持病の発現によるものであるといった特殊事情があるとすれば，

話は大きく変わってくるかもしれません。

また，⑤「責任能力者」については，Ｙは既に結婚して二人の高校生の子どもがいる社会人であり，何らかの特殊事情を見出せない以上，責任を問うに足りる者であるといえます。なお，もしも小さな子どもがよくわからないままにスイッチを押し，動き出した重機にＸが巻き込まれたといった事例であったならば，その子どもに責任を問うことができるか否かという点で，この要件が働くということになります。

709条の機能

以上のように見てくると，先に紹介した学生達の議論の中で指摘されていた様々な事情の中でも，あるものは考慮の対象になっており，しかし，あるものは対象になっていないということに気がつくと思います。すなわち，民法709条とは，どのような者が裁判官になったとしても，考慮しなければならないものは何か，してはならないものは何かということについて，等しく明示するという機能を有しているのであり，これによって，だれが裁判官になってもできるだけ同じような結論に辿りつくという仕組みが実現されているといえます。

お互い様――双方に過失があるのでは？

なお，不法行為に基づく損害賠償請求権の成立ということだけに着目すれば，上記の通りなのですが，実は民法は，それ以外の事情を考慮するための別の枠組みも用意しています。すなわち，「過失相殺」と呼ばれる枠組みであり，民法722条2項が定めています。

> **民法722条2項（過失相殺）**
> 　被害者に過失があったときは，裁判所は，これを考慮して，損害賠償の額を定めることができる。

この事件では，Ｘの側にも，信号無視，無灯火といった落ち度があり，そのことが，本件事故の一つの原因にもなっています。先ほどの学生の議論の中でも指摘がありましたが，そのことは，別の条文の中において，損害賠償の額を決定する際の考慮要素として，考慮の対象にされているのです。

法の役割——両当事者の間で

　ところで，以上のように「法」は，だれが判断権者になったとしてもできるだけ同じような結論に辿りつくための仕組みであるともいえますが，紛争の中で相対立している当事者の立場からこれを眺めるとしたら，「法」の役割はどのように映るのでしょうか。

　この点，本件のXの側からすれば，損害賠償請求権が成立し，**賠償額**ができるだけ多くなるように，先ほどの要件のそれぞれについて主張することになります。他方でYの側からすれば，損害賠償請求権が成立しないように，もしも成立したとしても賠償額ができるだけ少なくなるように，先ほどの要件のそれぞれについて反論することになります。つまり，「法」があらかじめ**要件**を提示してくれることによって，相対立する当事者それぞれが，**どの点にターゲットを絞って主張・反論をすればよいのか**が明らかになっているともいえるのです。したがって，先ほどの学生達のように，何の手掛かりも無しに自由に議論をすると（それぞれが抱えるバックグラウンドや性格の固有性によって）人それぞれに議論のポイントが少しずつずれてしまい，最終的には議論が平行線に終わる，あるいは，混乱状態に陥ってしまうことがありますが，「法」的な議論においては，あらかじめどの点がターゲットであるのかが示されているわけですから，そういった混乱が起こりにくいという効果が生じるのです。すなわち，**「法」的にコミュニケーション**を行うことには，以上のような特性があるのです。

事実も争いの対象になる

　なお，現実の民事裁判の場面においては，原告であるXと被告であるYが要件を充足するだけの事実があったか否かをめぐって争うわけですが，実際には上記事例における記述とは異なり，Xの信号無視の事実があったのか否か，Xの自転車が無灯火であったのか否か，Yのトラックは制限速度を超えていたのか否かといった**事実それ自体も，争いの対象**になります。そしてその際には，それぞれが**証拠**や**証人**を用意して，真実はどうであったのかを**証明**（立証）しようとすることになるわけです。すなわち，「法」が存在することにより，

主張・反論のレベルだけではなく，その背後において，それぞれの主張や反論を根拠づける証拠や証言に関しても，どの点にターゲットを絞ればよいのか，あらかじめ明示されるということになります（なお，このような民事裁判の進め方については，みなさんは「民事訴訟法」の講義で詳しく勉強することになります）。

Column ❻ 「民事裁判」と「刑事裁判」

　先ほどの交通事故の事例では，XがYに対して損害賠償請求ができるかということについて考えてもらいました。そして，そのような私人や私企業の間での私的な紛争，例えば，金銭をめぐるトラブルや，契約の有効性や違反の有無をめぐるトラブル，土地や建物の権利の帰属をめぐるトラブル，さらには，離婚の成否や相続をめぐるトラブルを解決するための裁判手続が「民事」裁判です。そこでは，裁判官の下，両当事者が「原告」と「被告」に分かれて，そのトラブルについてそれぞれが自分なりの主張・反論を行うとともに，証拠・証人を用いて自分の主張を根拠づけるように努めることになります。そして，その際にどの点にターゲットを絞ればよいのか，それを明示しているのが「法」なのです。

　これに対し，「刑事」裁判と呼ばれる裁判手続もあります。こちらでは，裁判官の下，「検察官」と「被告人」が争うことになりますが，その際の問題は，「被告人」が罪を犯したか否か，そして，犯したとすればどのような処罰をうけることになるかです。つまり，争いの対象が犯罪とその処罰という「民事裁判」とはまったく異なるものになるわけですが，しかし，「検察官」「被告人」それぞれが，罪を犯したか否か，そして，犯したとすればどのような処罰をうけることになるかについて，自分なりの主張・反論を行うとともに，証拠・証人を用いて自分の主張を根拠づけるように努めるという基本構造は，「民事裁判」と何ら異なるものではありません。そして，刑法に代表される「法」が，その際にどの点にターゲットを絞ればよいのか明示しているという点においても，やはり変わりはありません。

　なお，このように大きく二つに大別される裁判手続ですが（実はそれ以外にもあるのですが，今の段階ではまずこの二つを理解しておきましょう），ある人物のある一つの行為によって，その人物が「民事裁判」と「刑事裁判」，双方の手続に同時に応じざるをえなくなることもあります。例えば，先ほどの交通事故の事例でのトラックの運転手であるYは，Xからの損害賠償請求をめぐる「民事裁判」のみならず，「自動車の運転により人を死傷させる行為等の処罰に関する法律」における「自動車運転過失致傷罪」という罪をめぐり「刑事裁判」にも応じなけれ

ばならなくなるでしょう。私人間や私企業間での私的なトラブルの解決という「民事裁判」制度の目的と，罪を犯した者の処罰という「刑事裁判」制度の目的は異なるものであるため，行為は一つであってもその両方に違反してしまった者は，原則として，それぞれの裁判に応じざるをえないのです。

5　法的思考力と法的コミュニケーション能力

親子喧嘩・夫婦喧嘩とは違う！

　以上のように見てくると，「法」の媒介により，複雑な事象が一定の秩序をもって整理されるという現象が生まれることがわかります。そしてその結果，「法」あるいは「法学」をしっかりと勉強することで，そういった秩序立った思考法やコミュニケーションの取り方が日常的に身についていくことが，イメージされてくるはずです。すなわち，**論理的に思考を積み上げる力**，そして，そうした論理を**他者に対してきちんと示すことができ**，さらには，これに対する**他者からのフィードバックに論理的に応える**という知的能力です。

　ところで，このような能力は，何も意識せずに自然と身につくものではありません。例えば，あなたが，あなたの親やきょうだいと日常的に行っている会話を思い返してみましょう。常に議論のポイントはずれ続け，気がつくと，前に揉めた話が蒸し返されている。結局は結論が出ず，平行線のまま話が終わってしまう。時に，まったく別の問題でいつの間にか喧嘩になっている。思い当たる節があるでしょう。また，このことは，親子やきょうだいの喧嘩だけではなく，夫婦喧嘩についても同様です。皆さんの多くは，まだ結婚していないのでピンとこないかもしれませんが，御両親の口喧嘩を脇で聞いていて，その脈絡の無さにため息をついた経験がある人もいるでしょう。

意外と多い喧嘩みたいな議論

しかし，社会に出てみると，意外に，親子喧嘩，きょうだい喧嘩や夫婦喧嘩と変わらないレベルの議論がなされる会議が多いことに，実は，驚かされます。それは，先ほどお話したように，議論すべき対象が明確に定まっていない，あるいは，それを明確にしながら議論をすることに人々が必ずしも慣れていないということの証左であるともいえるでしょう。

　私も，様々な会議に参加することがありますが，そうした時に，会議における議論の焦点がずれ続けていくことに啞然とすることがあります。例えば，A案とB案，どちらを採用すべきであるかという会議において，A案を支持する人たちが，①，②，③という三つの観点から，A案が優れていると主張しているとします。しかし，これに対して（B案を支持する）私が，①の点においてA案の問題点を指摘した場合に，時に，②の点におけるA案の利点を強調して，私の指摘を回避しようとする人がいます。そうすると私は，②の点におけるA案の問題点を指摘するわけですが，これに対して，その人は③の点におけるA案の利点を強調します。そこで私が③の点におけるA案の問題点を指摘すると，その人は①の点におけるA案の利点を強調するわけです。こうすると議論が永遠に終わらなくなってしまうことが，わかるでしょうか？

法的思考力・法的コミュニケーション能力は大事な武器

　ところが，例えば法律の専門家が集まって行う会議などでは，あまりこういったことは起きません。①，②，③のそれぞれの点において，利点と問題点をA案とB案それぞれに指摘・整理して，全体としてどちらがより優れているのか，包括的な考察がなされることが多いのです。逆に言えば，法学をきちんと勉強した者は，無意識のうちに，複雑な事象を一定の秩序の下に整理し，ポイントごとに評価をして，その結果，全体を総合するという思考能力やコミュ

ニケーション能力を修得しているといえるのかもしれません。

このように，**法的思考力**や**法的コミュニケーション能力**は，一度身につけさえすれば，社会において活躍するための大きな能力として働くことになります。それは，複雑に絡み合う問題をきちんと整理した上で真の問題点を見出せる力であり，また，その分析について説得力ある形で他者にも説明ができる力でもあります。これまでの社会において「法学部」卒業生が「重宝」されてきたことの背後には，まさに，「法学」を学ぶ過程で無意識に身につけてきた法的思考力や法的コミュニケーション能力があるのです。

Column ❼　米国における法的思考力と法的コミュニケーション能力

「法学」を勉強していない一般の人々同士の議論においては，議論のポイントがすぐにずれたり，同じ話が蒸し返されたりすることが多いと述べましたが，海外，特に米国においては，格別に「法学」を勉強していない一般の人であっても，非常に論理的に話をする人が多いことに気づかされます。「大統領のこの一連の問題に対する対応は非常に一貫している。しかし，往々にして，一貫した態度を採ろうとすればするほど，前提を間違えている場合には，間違えた結論に至ってしまうものである。そして，大統領はこの一連の問題についての前提を大きく間違えて理解している。したがって，その一連の対応のほとんど全ては誤りである」といったコメントを，街かどでインタビューを受けた一般市民がさっと答えるシーンをテレビで観るたびに，わが国との違いに驚かされます。

しかし，こうした話し方，議論の仕方も，実は，「訓練」のたまものなのです。すなわち，わが国とは異なり，米国では小学校の頃から，授業の中で積極的に「ディベート」が取り入れられていて，論理的に問題を整理し，論点ごとに議論を進め，議論の際にはできるだけ論理的に話を進めるように「訓練」が重ねられています。そうした「訓練」は，異なる人種・民族・宗教・社会的属性を有する様々な人々が様々に共存せざるをえない米国であるからこそ，第一に必要とされる能力として制度的に施されているのかもしれません。

翻って，「あ・うんの呼吸」といった言葉が存在するわが国では，幸か不幸か，そのようにきちんと論理的な話をしなくとも，言わんとすることが伝わる面があります。しかしその結果，一般の人々が日常生活の中で，論理的に思考・コミュニケーションを図る必要性を感じる機会は少なくなり，その能力を伸ばせないままにいるという事態を生んでいるように思えます。逆にいえば，わが国では伝統

的に，**論理的な思考力・コミュニケーション能力**を「訓練」できる数少ない場として「法学部」が存在しており，そうであるからこそ，「法学部」卒業生が社会の中で一定の役割を果たし，その結果，「重宝」される存在として評価されてきた面があるともいえるでしょう。

Column ❽ 法的思考力や法的コミュニケーション能力は万能か？

　以上のように，法的思考力や法的コミュニケーション能力を鍛えることの社会における意義を述べてきましたが，それでは，議論が錯綜・混乱する典型のような「夫婦喧嘩」の場においても，そのような思考方法・コミュニケーション方法が採られるべきなのでしょうか？

　この点，私の経験からは，かなり疑問です。「夫婦喧嘩」は通常，怒りたい特定の問題があるから発生するのではなく，その背後にあるもっと大きくかつ抽象的なもの，例えば，相手への漠然とした不満や自分の抱えているストレスを真の原因とするものが多く，特定の問題は単なるきっかけにすぎないように思えます。したがって，「怒りたい」相手に上手に「怒ってもらう」ことが大事なのです。それなのに，「怒っている」特定の問題に論理的に反論し，相手の怒りの芽を摘んでしまっては，せっかくの不満やストレスのはけ口を相手から奪うことになりかねず，結局，事態はもっと悪い方向に進んでしまいます。

　法的思考力や法的コミュニケーション能力は万能のものではなく，状況や場面にあわせて使っていくことが大事であるともいえますね。

　なお，このことは，「法」を用いた紛争解決が実社会の中では必ずしも万能ではないことをも意味し，その点から，現代社会における**裁判外紛争解決（ADR, Alternative Dispute Resolution）**に対する注目，特に，**調停（mediation）**に対し注目が集まっていることに深く関係するのですが，それについては将来の「民事訴訟法」の講義や「ADR」の講義で是非勉強してみてください。

QUESTION

- □1 設問以外の身近にありそうな事例を想定し，それが法的にどのように処理されるのか，できる限りで結構ですので，自分で調べてみましょう。
- □2 先ほどの交通事故の事例につき，あなたはどのような第一印象を持ちましたか。またそれは，自分のどのようなバックグラウンドや個性からもたらされたものでしょうか。自分なりに分析した上で，周りの人との間でも比べてみましょう。

第3章 「法」とは何か

1 わが国における法源と機関

　第2章では，基本的な法的知識が社会生活の中で一定の「武器」となることを確認した上で，「法」が特徴的に持っている構造と役割について考え，法学を学ぶもう一つの意味，すなわち，法的思考力や法的コミュニケーション能力といった固有の知的能力を身につけることができることを学んできました。
　ところで，そこではあくまで一例として様々な法的知識を検討してみましたけれども，この章では，今後，皆さんが法学を勉強していく過程において，前提として知っておいた方がよい法的知識につき，まず説明したいと思います。わが国では，どのような機関が「法」に関与しているのか，そして，「法」にはどのような種類のものがあるのかという点についてです。
　それは，日本国憲法の基礎の基礎を学習することでもあります。ここでは，実際に「六法」を開いてみて，どのような機関が「法」に関与しているのか，「法」にはどのような種類のものがあるのか，確認してみましょう。先ほども述べたように，「六法」を引くのに慣れることが初学者にとっては重要な作業ですから，労を厭わずに一つ一つ探してください。

CHART 図3.1 権力分立の図

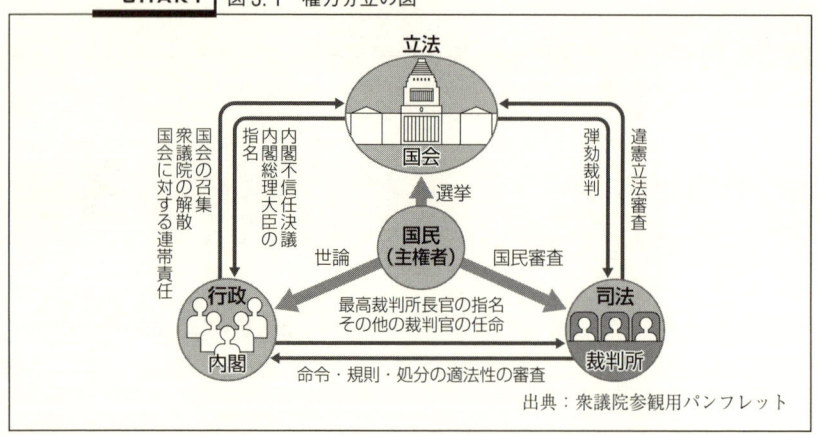

出典：衆議院参観用パンフレット

「法律」を作る

ところで，今まで「法」という言葉を使ってきましたが，実は，私たちの身の回りには様々な種類の「法」が存在しています。先ほど述べた**憲法**もその一つですが，その中でも最も重要かつポピュラーな存在が，**法律**であり，国家レベルにおいて私達が従わなくてはならない様々なルールを定めています。そして，この**法律を制定する権限**，すなわち，**立法権**を有する「**唯一の**」「**機関**」として定められているのが，「**国会**」なる国家機関です（日本国憲法41条。以下，「憲法」といいます）。

「法律」を動かす

もっとも，ルールというものは，ただ存在するだけでは「絵に描いた餅」になりかねません。すなわち，実際の社会をそのルールに従って現実に動かすことが必要になります。その意味において，**法律の内容を実現**するための国家機関が必要となります。その一つが，「**内閣**」であり，その権限（「**行政権**」）から「**行政府**」と呼ばれることもあります（憲法65条）。例えば，国家を運営するために私達は税金を払わなければならず（憲法30条），その義務は具体的には法律に規定されていますが，規定されているだけではだれも自分から税金を払いにいかないかもしれません。徴税のために働く機関があるからこそ，このような義務が「絵に描いた餅」にはならない，すなわち，実際に人々が（しぶしぶ）

> **Column ❾　権力分立と各国の対応**
>
> 　以上のように，日本国憲法は，立法権を国会，行政権を内閣，司法権を裁判所にそれぞれ持たせることで，「**権力分立**」という状況を作り出しています。これは，歴史的に，「国王」といった一つの機関が全ての権限を独占的に有すると，権力が濫用される恐れが高まることが明らかであるために，採用されているある種の「工夫」であり，歴史から学んだ「人類の知恵」といってもいいかもしれません。
>
> 　もっとも，わが国の「権力分立」は，完全に三つの機関を対等にするものではありません。すなわち，内閣の長である「内閣総理大臣」が国会議員の中から国会の議決で指名されるなど（憲法67条），国会（特に衆議院）の信任の下に内閣が存在するという特徴（**議院内閣制**）を有しているのです。この点で，米国など，「行政府」の長が，国会とは別に国民により選ばれ，「立法府」たる国会とまったく対等に存在する制度（**大統領制**）とは異なるといえます。
>
> 　他方で，中国やベトナムなど，「社会主義」を標榜する国々においては，「人民」に権力を集中させることこそが重要であると考えられており，その意味で「権力分立」は採用されていないともいえます。
>
> 　以上のように，世界に目を転じると，各国ごとに統治機構のあり方は様々であり，それらを定める「憲法」の内容についても，各国ごとに様々であるといえます。以上について詳しくは，「**憲法**」の講義，あるいは，「**比較憲法**」といった名前の講義で，是非，将来的に勉強してください。

納税をするわけです。

「法律」により判断する

　また，「絵に描いた餅」にしないためには，これに従わない人に制裁を加えたり，従わないことで生じた損害を賠償させたりしなければなりません。すなわち，その前提として存在する具体的な紛争に**法律を適用して判断を行い，これを解決する権限**（「司法権」）を有する機関が必要になるわけであり，これが「**裁判所**」ということになります（憲法76条）。

「法律」を審査する

なお，日本国憲法においては，裁判所にはもう一つ別の権限も与えられています。すなわち，**その法律が憲法に反するか否かを審査する権限**であり，**違憲立法審査権**と呼ばれています（憲法81条）。

「条例」と地方公共団体

ところで，以上の他にも，日本国憲法には公的機関の存在が定められています。すなわち，「**地方自治**」を実現するための「**地方公共団体**」なる存在です（憲法92条）。特に行政サービスに関しては，私達が身近に接する機関としては，国の機関よりも，この地方公共団体，すなわち，都道府県や市町村といったレベルの役所の方が多いのではないでしょうか。各地域の特性によって様々にそのニーズは異なっており，そうしたニーズにあわせて**きめ細やかな行政サービス**を行うには，国が全て等しく直接に統治するよりも，こういった地方公共団体に様々な行政サービスを具体的に任せる方が望ましいと考えられたためであるといえましょう。そして，地方公共団体がその地域において制定できる独自のルールが「**条例**」と呼ばれる法規範です（憲法94条）。もっとも，条例は，国会の定める「法律の範囲内」でしか定めることができません。

ほかの「法」

他方，「法律」「条例」以外にも，「法」は存在します。すなわち，行政府が行政行為を行う際に，その性質上，抽象的にしか規定することができない法律のみでは，あまりにも手掛かりが不十分であるということになります。そこで，行政府に対しては法律の範囲内で「**命令**」を制定する権限が与えられています。より具体的には，内閣によって制定される「**政令**」（憲法73条6号），各省によって制定される「**省令**」などがあります。

また，日本国と外国国家との間で締結するものとして「**条約**」という法規範もあります（憲法73条3号）。

これからの法学の学習を進めるにあたって，まず，この程度は押さえておきましょう。

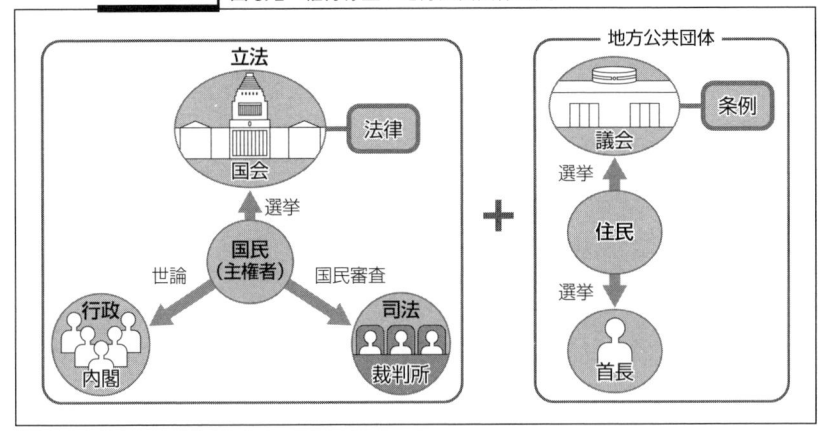

CHART 図3.2 権力分立＋地方公共団体の図

Column ❿ 裁判所と判例の法規範性

　以上のように，日本国憲法の下では「国会」が「唯一の立法機関」であり，その制定する「法律」が私たちの身の回りの様々な事柄について様々に規律しています。

　ところで，第4章で詳しく見ることになりますが，「法律」は様々な抽象的な言葉を多用するものであるため，その意味するところが一義的に明らかではないことがあります。そのため，「裁判所」が「法律」を適用して判断を行う際に，その意味を独自に「解釈」した上で適用し，最終的な結論を下すことが少なくはありません。そのように，裁判所が「判決」の中で示した「解釈」，すなわち「判例」は，**法規範としての拘束力**を有するのでしょうか。

　この点，「国会」が「唯一の立法機関」であり，「裁判所」が「立法機関」ではない以上，そこで示された「解釈」は，いかに「裁判所」という公的な機関により示されたものであったとしても，法理論的には拘束力があるものとはいえないでしょう。その意味で「判例」において示された「法律」の「解釈」は，「**学説**」と呼ばれる学者により示される「法律」の「解釈」と，法理論的な意味においては何ら変わらないものであるということになります。

　しかし，他方で「裁判所」は「**司法機関**」であり，何らかの事件や紛争が発生した場合，裁判という形で決着をつけるために機能する国家機関でもあります。そしてその内部は，例えば，「地方裁判所」，「高等裁判所」，「最高裁判所」というように分かれており，そのことを前提に「**三審制**」なる制度が採用されています。すなわち，第1審たる「**地方裁判所**」において下された判決に不服がある当

1　わが国における法源と機関　● 41

事者は，第2審たる「高等裁判所」に「控訴」することが可能となっており，さらに，第2審たる「高等裁判所」において下された判決に不服がある当事者は，一定の条件が満たされた場合，第3審である「最高裁判所」に「上告」することが可能になっています。とすると，ある「地方裁判所」がある「法律」につき「解釈」を示したとしても，控訴された場合，その「解釈」は「高等裁判所」により否定されるかもしれません。しかし，その「高等裁判所」の「解釈」も，上告された場合，「最高裁判所」により否定されるかもしれません。ただ，この「最高裁判所」の「解釈」に関しては，それ以上の不服申立てが制度上できないため，「裁判」という制度の中ではもはや争うことができないものになります。

　その結果，「最高裁判所」により示される「判例」には，「裁判」という制度の内部では，**事実上の拘束力**があるということになります（別の事件で別の「地方裁判所」や「高等裁判所」が，「最高裁判所」のその「判例」と異なる「解釈」を示しても，「上告」されて同様の判断がなされれば，結局それは否定されてしまいます）。しかも，現在のわが国において，「裁判」という制度は，発生した事件や紛争の解決のために機能する最も重要なシステムであります。そのため，「最高裁判所」により示された「判例」は，「裁判」という制度の枠を越えて，一般社会においても，事実上，大きな影響力を有することになります（裁判に訴えられてしまえば，その「判例」を基に判決が下されてしまうわけですから，裁判になっていない場合でも，結局，人々はその「判例」を前提に行動することになるからです）。

2　「法」はなぜ必要なのか

「裁判官」と「法」

　ところで，第2章で既に，もしも裁判制度だけがあって「法」が無かったとすると，どの人が「裁判官」になるかによって結論が大きく異なってしまい，場合によっては極めて不公平な結果が生じてしまうという点を指摘しました。このことを逆にいえば，「法」とは，どのような者が「裁判官」になったとしても，同じ事例であれば同じような結論が導かれるようにする，いわば裁判の

公正さを担保するための一つの「装置」であるともいえるでしょう。

不公正な裁判官なんている？

　もっとも，このようにいうと，「裁判官」が公正ではないといったことがありうるのか，そんな疑問を持つ人もいるかもしれません。しかし，歴史的には，「裁判官」が必ずしも公正ではなかった時代，例えば，当事者の貢ぎ物次第で判断の帰趨(キスウ)が変わってしまうような人が「裁判官」を務めていたような時代も存在していました。

　そもそも，「裁判官」はどのように選ばれるのでしょうか。現代の日本においては，「裁判官」とは，先に述べたように，**立法府や行政府とは異なる機関としての裁判所の構成員であり**，**立法府や行政府の影響から独立した存在**であるといえます（憲法76条参照）。そして，裁判所における裁判官の採用は，司法試験をパスした者の中から，その能力や品格なども参照しつつ，厳格に行われています。したがって，現代の日本においては，**裁判官の公正さに対する信頼は揺るぎの無いもの**になっているといえるでしょう。

絶対王政の時代の裁判官

　しかし，その前提である裁判所の立法府や行政府からの独立，さらには，先に述べた権力分立の構造は，昔は，決して当たり前のものではありませんでした。すなわち，かつては王が絶対的な権力を有し，その下で立法・行政・裁判といった全ての作用を行い，裁判官の役割を務める者が王あるいは王の配下の者達であるということが当たり前の時代がありました。そのような体制の下では，王やその配下の者達が能力・品格ともに優れているならいいのですが，そうでなかった場合に，王の都合のいいように個々の判断が行われ，命令が下されてしまうことになります。また，その配下の者達が，自己の利益のために紛争の当事者から金銭をせしめ，その大小によって裁判の勝敗を決めるといったことがまかり通ることになってしまいます。

「法」の登場——「マグナ・カルタ」「ナポレオン法典」

　そこで，歴史的には，そのような勝手な王の行動を規制するために，例えば，13世紀の英国では，（そのような王の行動に対抗しようとした）貴族達が「**マグナ・カルタ**」と呼ばれる「法」に従うことを王に約束させました。その結果，王は，「マグナ・カルタ」に規定されていることに反する形で（立法権・行政権・裁判権を含む）王権を行使することができなくなったわけです。

　さらに，18世紀のフランスでは，そのような絶対的な権力を有する王の横暴に対し，民衆が革命を起こし，王制それ自体を廃止してしまいました。しかし，王がいなくなったとしても，例えば，裁判所の存在は必要であり，王に代わって裁判権を行使する者が依然として不公正であるならば，結果的に問題は解決されません。そこで当時のフランスでは，革命のすぐ後から詳細な民法典（「ナポレオン法典」と呼ばれました）の制定作業が進められることとなりました。すなわち，「法」の存在は，歴史的にも裁判権をはじめとする権力の制限と不可分のものであったのです。

　このように近代のヨーロッパにおいては，人々の血と汗によって「法」をめぐる制度が構築されてきました。ところで，翻って，わが国はどうでしょうか。わが国では，明治維新後の欧米諸国に追いつこうと必死になっていた時期に，これらの制度が国家によって一気に導入された感があります。そのためかわが国では，上記のような「法」が持つ意味が，時に忘れられがちであるように思えてなりません。「法」の本来的意義，すなわち，**権力の濫用を防ぐために発明された「装置」**としての「法」の意義について，是非，みなさんは意識的であってください。

3　「妥当」な「法」の変遷

　以上のように「法」の必要性・重要性について確認してきましたが，「法」の内容についてはどうでしょうか。この点，ある問題に対して歴史的にどのような内容の「法」が用意されてきたのかという観点から「法」を観察すると，

時代によって「妥当」と考えられた「法」の内容が異なっているということにも気がつきます。

相続問題の今昔

例えば、相続という問題を考えてみましょう。現在の日本法の下では、お父さん、お母さん、三人の兄弟姉妹という家族において、お父さんが死んでしまった場合、お父さんの遺産の相続については、お母さんが2分の1、そして、残りの2分の1を3人の子どもが分けあう（その結果として各子どもは6分の1の相続分となる）ことが原則であると定められています（民法900条）。

子ども達には平等に

しかし、このような「法」に至るまで、わが国の中でも様々な変遷がありました。

例えば、はるか昔、鎌倉時代においてはどうだったのでしょうか。武士が政治の表舞台に出てくるようになったこの時代、武士の生活基盤は、それぞれが有する土地とそこから生産される農産物にありました。他方で、当時においては、一族の者を平等に扱うことが極めて重要であるとされていたため、いざ相続という局面になると、全ての者に平等に分け与えるという「法」が適用されていました。その意味において、（配偶者については別として）子どもに平等に分け与えるという意味においては、現代と極めて似通った「法」が適用されていたといえます。

しかし、この「法」の弊害が、次第に顕わになってきます。すなわち、土地が唯一の生活基盤である限り、その土地が代を経るごとに分割され、その結果として一人ひとりが所有する土地の面積が狭くなっていくと、一人ひとりの生活が次第に困窮していくという現象が生まれてしまいます。つまり、農地を分割して平等に相続させることには、一定の弊害があるのです（かつて、愚かな人を「たわけ者」と呼んでいた時代がありましたが、その語源は「田分け」が愚かな行為であるという点にあるという説もあるくらいです）。

「最も優秀な者」に全て相続

そこで，その後の時代になってくると，一人の者に全ての土地を相続させるという「法」が普遍的なものになってきます。しかし，この**「一人の相続人」**はどうやって決められていたのでしょうか。この点，かつては，その一族の中で**最も優秀な者が相続**するという「法」が広く適用されていた時代もありました。その方法は，特に，領主同士が血で血を洗う争いを繰り返していた戦国時代においては，（愚かな領主であればすぐに隣国にのみこまれてしまいますから）極めて「妥当」な「法」であったといえるかもしれません。

しかし，この「最も優秀な者」が相続する「法」には，致命的な欠点があります。それは，だれが「最も優秀な者」なのかをめぐり争いが生じやすいということです。戦国時代の壮絶な「お家騒動」を思い浮かべてみてください。あの織田信長ですら，若い頃には，織田家を二分する弟との相続争いに大変な苦労をしたのです。そして，実際，戦国時代が終わり，社会が安定期に入った頃には，その弊害が利益を上回るということになってしまいます。

長子相続

そこで，江戸時代においては，**長子相続**（もっとも男に限られてはいました）を定める「法」が定着していきました。すなわち，安定期においては，お殿さまが多少は愚鈍であったとしても（周囲が支える体制がしっかりしている限りは）それほど問題はなく，むしろ後継ぎをめぐって「お家騒動」が起きる弊害の方が大きいと考えられたのでしょう。徳川家康が，秀忠に将軍位を譲った後，兄の家光よりも弟の方をひいきにする秀忠夫婦に対して，わざと弟を邪険に扱う態度を見せることで，兄以外の相続の可能性がありえないことを示したという有名なエピソードもあります。

そして，この長子相続を定める「法」は，明治維新後，近代国家の体裁を整えるようになった日本においても，依然として続いていました。

再び子ども達には平等に

しかし，第二次世界大戦の終了とともに，新しい憲法の**「法の下の平等」**の

考え方のもとで，このような「法」は改正され，子どもの平等な取扱い（もちろん女性も含まれます）を定める現在の「法」となったわけです。

　ここで興味深いのは，鎌倉時代の末期においては，その弊害が露呈して変更を余儀なくされた**平等相続**が，現代においては弊害が指摘されることなく適用され続けているという点です。それはいったいなぜなのでしょうか。その答えの一つは，人々の生活基盤が土地だけではなくなったという点に見出すことができるでしょう。現代においては，農業を唯一の生活基盤とする層は減少しており，多くの人々はサラリーマンとなって生活を営んでいます。また，遺産の多くも，金銭という形になっています。そのような状況の変化により，鎌倉時代に合理性を失った「法」であっても，再び合理性を取り戻すことができたわけです。

　なお，**配偶者の法定相続分**については現在2分の1ですが，1980年の民法の改正までは，3分の1でありました。その変化の背後に，婚姻中の夫の財産形成に対する妻の貢献が評価されるようになったという社会の変化を見出すこともできるでしょう。

　以上のように，いかなる「法」が「妥当」なものであるかは，その**時代によって異なる**可能性があります。その「法」がどうしてそのような内容になっているのか，他の時代や他の国では違いがあるのか。違いがあるとすれば，それはなぜなのか。そうした考察をすることも，「法」の理解を助けることになります。

4 「法」の正統性

なぜ法に従わなければならないのか・従うのか

　以上のように，「妥当」な「法」のあり方は時代ごとに様々です。さらに，細かな点まで着目すれば，同時代であったとしても，何が「妥当」な「法」であるのか，人によって受け止め方が異なるという事態も十分に考えられます。その際，自らが「妥当」ではないと感じるからといって，その「法」が自分に

適用されることを拒否できるとすれば，先に述べた「法」の存在意義はまったく没却されてしまうことになります。とすると，その「妥当性」に若干の疑問を持ちながらも，しぶしぶ，その「法」に従っているといった人々が，実は少なくはないというのが現実なのかもしれません。

それでは，どうして「法」に人々は従うのでしょうか。なぜ，「妥当性」に疑問を持つような「法」でも従わなければならないのでしょうか。

不利益を被るから？

この問いに対する一つの答えとしては，仮にその「法」に従わなかった場合に，何らかの不利益を被ってしまうからであるというものが考えられます。例えば，刑法において禁止されている行為を行った場合，それが発覚すると，逮捕・拘束され，取り調べを受けさせられ，さらには，刑事裁判にかけられて，（死刑を究極のものとする）刑事罰が科される可能性すらあるのです。そのため，その刑事「法」の内容が気に食わないと内心は思っていたとしても，人々はそれに逆らうことを通常は行いません。

またそれは，民法上，損害賠償義務が発生するような行為を行った場合も同様です。民事裁判を提起された結果，多額の損害賠償を命じられる可能性がある場合には，その民事「法」の適用による帰結が本当はおかしいと思っていたとしても，それに違反する行為を行わないことがやはり通常でしょう。

不利益が無くても守られるルールはたくさんある

しかし，それだけが理由でしょうか。もしそうであるとすると，そのような不利益を被る可能性がない場合には，人々は「法」には従わないということになりますし，実際にも社会の中にそのような場面を見つけることは決して難しくありません。ですが，不利益を被る可能性が一見無いような状況であっても，「法」である限り人々が従っているという現象も，また，私達の周りに存在しています。

例えば，マンションの管理組合において，マンションの居住者間での様々な内部規則が決められることがあります。その中には，夜間の騒音とか，ペットの飼い方とか，様々なものがあります。そして，その一つとしてよくあるのが

ゴミの出し方に関するルールです。例えば，ゴミは必ず収集日の朝にのみ出し，しかも，カラス対策のネットをはみださない形で出すことといったものがあります。しかし，このルールについてよく考えてみると，朝早く起きることを嫌って夜のうちから出していたとしても，その違反をしたのが自分であるということが発覚する可能性はそれほど大きくありません。ネットからはみだしたかどうかについても，一人一人チェックすることは難しいでしょう。とすると，そのように違反行為が発覚する可能性が低いのであれば，みんながこれに従わないということが起こってもおかしくはないはずです。もちろん，その結果として，ゴミがカラスに荒らされるといったことが起きるかもしれませんが，それは自分に対する直接の不利益とまではいえないでしょう。しかし，現実には，(一部の不心得者の存在は否定できませんが)こうしたルールは人々によって意外にきちんと守られています。

「自分達で決めたルール」だから守る

　では，なぜ人々は不利益を被る可能性がないような場合であっても，「法」を遵守しようとするのでしょうか（その中には，当該「法」の「妥当性」に疑念を有しつつ，従っている人もいるでしょう）。ここにおいて，どうして「法」に人々は従うのかという先ほどの質問に対する，もう一つの答えが見えてきます。すなわち，先ほどのゴミ出しのルールは，住民達が管理組合という場において話し合った結果，自分達で決めたルールなのです。自分達で決めた以上，そのルールを守るのは当然という意識が，われわれのどこかにひそんでいる。それが，**人々の遵法行動**を導いているのではないかということです。
　そして，このような説明は，マンションの管理組合の内部規則といったレベルだけではなく，「法律」といったレベルについても，同様に用いられることがあります。すなわち，国会が決めた法律に私達が拘束されるのは，私達が選挙を介して選んだ私達の代表が様々に議論した末に決めたものである，つまり，究極的には**自分達で決めたルール**であるからだという正当化です。もちろん，その前提には，国民が選挙を通じて立法機関である国会に自らの代表を送り込めるという「**民主制の過程**」の存在があります。この前提がある限り，その法律は「**正統性**」を有するもの，すなわち，われわれが従うべきものとして扱わ

れるということになるわけです。

　この点で，行政府による「政令」や「省令」といった「命令」も，法律の内容をより具体的に実現するために当該法律の範囲内で定めるものであることから，同じ理屈で正当化することができます。また，「条例」についても，住民にとってより身近な（選挙によって選ばれた代表による）地方議会により制定されるものですから，まったく同じ構造で正当化することが可能になります。

「憲法」はどうなのか

　なお，ここで考えてみてほしいのは，法律，命令，条例といった「法」の上位に立つ存在である憲法についても，同様の「民主制の過程」による正当化が可能であるのか否かという問題です。この点，詳しくは「憲法」の講義の中でしっかりと学んでいただきたいのですが，例えば，憲法の中には様々な**人権規定**が定められています。これらの権利はとても重要なものとされており，国会により制定される**法律によっても奪うことができない**ものとされています。このことから考えると，憲法については，まったく同様の正当化が難しいということは想像できるかと思います。

なぜ「自分達で決めたルール」だから守るのか

　また，もう一つだけみなさんに考えていただきたいのは，「自分達で決めた以上，そのルールを守るのは当然という意識が，われわれのどこかにひそんでいる」という事実があるとしても，それはなぜなのかという点です。もしかしたら，自分達で決めたルールであるにもかかわらず，そのルールを守らないという行動をとると，何らかの不利益がどこかで生じるのかもしれません。そして，そのことに本能的に気づいているから「自分達で決めた以上，そのルールを守るのは当然という意識」が生まれてくるのかもしれません。そうであるとすると，遵法行動の理由について**不利益を被る可能性**に求める先ほどの説明と，「**民主制の過程**」に求める先ほどのもう一つの説明との関係はどうなるのか，是非，考えてみてください。

QUESTION

☐ 1 歴史的に内容に変遷があるようなルールを見つけ出し，その変化の理由を調べ，あるいは，自分なりに考えてみましょう。

☐ 2 なぜ，ルールは守られなければならないのでしょうか。なぜ，人はルールを守る（ある場合には時に守らない）のでしょうか。身の回りにある何らかのルールを題材に，その理由を自分なりに考えてみましょう。

CHAPTER

第**4**章

法学における「法解釈論」

1 法学における「法解釈論」

　前章では，「法」とは何かを考える，すなわち，わが国における法源とそれらを生み出す機関について整理した上で，「法」はなぜ必要なのかにつき検討し，「法」の内容の「妥当性」には時代による変遷があることを確認しました。さらには，私たちはなぜ「法」に従うのか，従わなければならないのかについても考察してもらいました。

条文は読めばわかるの？

　ところで，これまでは「法」という存在につき，その内容についてはだれでも同じ意味に理解できる，つまり，一義的に明らかであるかのように語ってきましたが，実際に「六法」を手にとって条文を眺めてもらうと，様々な抽象的で曖昧な言葉が多く使われており，少なくとも一般人にとっては一義的に明らかであるとはとてもいえないということに気がつきます。

失火責任法を読んでみよう

例えば,「失火ノ責任ニ関スル法律」(**失火責任法**) という短い法律があります。実は,この法律には,「民法第709条ノ規定ハ失火ノ場合ニハ之ヲ適用セス但シ失火者ニ重大ナル過失アリタルトキハ此ノ限ニ在ラス」という一つの条文しかありません。さて,この条文,どのようなことを示しているのでしょうか。カタカナ表記の古めかしい表現であるという障害は,辞書を使い,ゆっくりとその意味を考えながら読めば,克服することができるでしょうが,その上で,その趣旨を理解できるでしょうか。

この法律が定められた背景には,日本特有の住宅事情がありました。すなわち,日本の都市には,木造建築が密集している町並みが多いため,誤って自宅で火事を起こしてしまう(失火)と周辺に被害が広がりやすいという特徴があります。したがって,その結果生じてしまった被害について,その全てを賠償する責任を負わされるとしたら,その失火者にあまりに酷な結果をもたらすことになりかねません。そのことから,「過失」があれば責任を負うという民法の原則を曲げて,単なる「過失」(709条)では足りず,「重大ナル過失」がある場合にのみ賠償責任を認めるとしたのです。こうしたこの条文の趣旨についても,よく考えれば辿りつけると思います。

これで十分?

では,それだけでこの条文を理解したといえるでしょうか。問題は,賠償責任を負わされない単なる「**過失**」と,賠償責任を負わされる「**重大ナル過失**」とは,具体的にどのように違うのかが,条文の文言を一所懸命に読んでも,よくわからないという点にあります。

そうすると,第2章や第3章で考えた「**法**」の存在意義,すなわち,どのような者が判断権者になったとしても,同じ事案であれば同じような結論が導かれるようにするという機能は,果たすことができないということになります。このままでは,ある判断権者の「重大ナル過失」に対する理解が,別の判断権者の理解と異なり,同じような事案であったとしても判断権者ごとに異なる結論が導かれてしまいかねません。なお,第2章では,民法709条の構造につ

き説明し，必要な要件が明記されていることによって判断権者ごとのブレをできる限り無くす機能があると説明してきましたが，「過失」という曖昧な言葉を用いる以上，このことは709条についても同じことがいえるのです。

　このように考えてくると，失火責任法における「重大ナル過失」，あるいは，709条における「過失」の意味が，より厳密に明らかにされなければならないことがわかるでしょう。これが，いわゆる**「法」**の**「解釈」**という作業であり，「法学」を勉強する過程において，分野を問わず常に直面せざるをえない作業なのです。

Column ⓫　判例の解釈と「重大ナル過失」が認められた失火の例

　それでは，実際に最高裁判例は，「重大ナル過失」につき，どのような解釈を示しているのでしょうか。

　この点，1957（昭和32）年に最高裁は，「通常人に要求される程度の相当な注意をしないでも，わずかの注意さえすれば，たやすく違法有害な結果を予見することができた場合であるのに，漫然これを見すごしたような，ほとんど故意に近い著しい注意欠如の状態を指すもの」との解釈を示しています（最判昭和32年7月9日民集11巻7号1203頁）。

　それでは，そのことを前提に，「重大ナル過失」が認められた裁判例としては，例えば，どのようなものがあるのでしょうか。その一つは，たばこの火の不始末を原因とするものであり，その中でも，寝たばこに代表されるように，引火の可能性が高い状況であるにもかかわらず，その危険性を無視してたばこを吸い，火の始末を十分にしなかったような事案にのみ，「重大ナル過失」が認められています。もう一つは，暖房器具の使用の際の不注意であり，その中でも，石油ストーブの火を消さないまま給油を行うなど，やはり，引火の可能性が高い状況であるにもかかわらず，その危険性を無視して暖房器具を扱ったような事案にのみ，「重大ナル過失」が認められています。また，天ぷら油の入った鍋をコンロにかけたまま，台所を長時間離れていたような事案にも，同様に「重大ナル過失」が認められています。

2 法解釈の必要性

では具体的に条文に書けばいいのでは？

このように法解釈の必要性を説明すると，みなさんの中には，それならばはじめからできる限り具体的に「法」を作ればよいのではないかとの疑問を持つ方もいるかと思います。逆に言えば，なぜ，「法」を作る際に，できる限り具体的に条文を作らないのかということです。では，また一緒に考えてみましょう。

自転車の走る道？

例えば，みなさんは自転車に乗るときに，歩道を走りますか。それとも，車道を走りますか。普段，無意識に行っていることですが，本当はどちらを走るのが正しいのでしょうか。

こうした道路の安全に関することは，「道路交通法」という法律で定められています。その1条には，「道路における危険を防止し，その他交通の安全と円滑を図り，及び道路の交通に起因する障害の防止に資することを目的とする」と書かれており，その目的を確認することができます。その上で，自転車が歩道と車道のどちらを走るべきなのか，それを知るためには，通行区分を定めた17条が鍵となります。そして，17条を確認すると，17条1項に「車両は……車道を通行しなければならない」との定めがあることに気がつくはずです。とすると，ポイントは，自転車が「車両」であるか否かであるということになります。

自転車は「車両」？

それでは，「車両」とは何でしょう？　それでは，条文をまた見てみましょう。2条1項8号に，「車両」とは「自動車，原動機付自転車，軽車両及びトロリーバスをいう」とあります。「自動車」，「原動機付自転車」についてはイ

メージしやすいでしょうが（同項9号，10号も参照），「軽車両」とは何でしょうか。

「軽車両」については，さらに同項11号が定めており，「自転車，荷車その他人若しくは動物の力により，又は他の車両に牽引（ケンイン）され，かつ，レールによらないで運転する車（そり及び牛馬を含む。）であつて，身体障害者用の車いす，歩行補助車等及び小児用の車以外のものをいう」とあります。

これでようやく「自転車」が「軽車両」であり，車道を通行しなければならない「車両」であるということがわかりましたが，それでは「自転車」とは厳密には何なのでしょうか。実は，これについても同項11号の2において，「ペダル又はハンド・クランクを用い，かつ，人の力により運転する二輪以上の車（レールにより運転する車を除く。）であつて，身体障害者用の車いす，歩行補助車等及び小児用の車以外のもの（人の力を補うため原動機を用いるものであつて，内閣府令で定める基準に該当するものを含む。）をいう」との定めがあります。

歩行補助車・小児用の車ってなに？

このうち，「軽車両」「自転車」から除かれる「歩行補助車」とは，よく町で見かけると思いますが，お年寄りが押しながら歩いている籠のついた手押し車のことを指します。他方，「小児用の車」とは何かといえば，いわゆるベビーカーや子ども用三輪車が含まれるようですが，幼児が乗るような「自転車」も入るようです。

そうすると，同項11号の2にいう「自転車」との違いが問題になりますが，これについては警察庁の見解が示されています。つまり，①小学校入学前まで（6歳未満）の者が乗車している自転車，②車体が6歳未満の者が乗車する程度の大きさ（車輪がおおむね16インチ以下），③走行，制動操作が簡単で，速度が毎時4ないし8キロメートル程度のものという三つの条件を満たしたものが，「小児用の車」に当たると考えられているようです。

歩行補助車
（写真提供：（株）島製作所）

結局「自転車」は？

　そうすると，以上の規定からは，一般には自転車は車道を通行しなければならないが，上記の要件を全て満たす子ども用自転車については歩道を走ってよいということになります。

　また，その他にも例外の定めが63条の4第1項各号にあり，①「道路標識等により普通自転車が当該歩道を通行することができることとされているとき」，②「当該普通自転車の運転者が，児童，幼児その他の普通自転車により車道を通行することが危険であると認められるものとして政令で定める者であるとき」，③「前二号に掲げるもののほか，車道又は交通の状況に照らして当該普通自転車の通行の安全を確保するため当該普通自転車が歩道を通行することがやむを得ないと認められるとき」には，子ども用自転車ではなくても歩道の通行が可能です。

　逆にいえば，このような例外に当てはまらない場合には，歩道を自転車で走ってはいけないということになります。

具体的に作ってあるけれど……

　ここで注目すべきは，どのようなものが車道を走るべきであり，どのようなものが歩道を走るべきなのかにつき，非常に細かに定めが置かれているということです。すなわち，できる限り**具体的に**「**法**」**を作ろう**とする努力がここではなされていることがわかります。

　しかし同時に，具体的に書いてしまったが故に，現在に生きる私たちから見ると，やや**奇妙な感じ**がする条文があることにも気がつくでしょう。例えば，「トロリーバス」です。それがどのような乗り物か，みなさんは想像がつくでしょうか？　この点，2条1項12号によれば，「架線から供給される電力により，かつ，レールによらないで運転する車」です。かつての日本では様々な町で利用されていたのですが，交通量の多い道路や幅の狭い道路では渋滞を招くため，車社会が発達するにつれて廃止され，現在，その姿を見ることはほとんどありません。

　また，2条1項11号の「人若しくは動物の力により」「レールによらないで

トロリーバス
（写真提供：（株）関電アメニックス）

運転する車（そり及び牛馬を含む。）」についても，観光地にでも行かない限り身の回りで走っていることはありません。

すなわち，具体的に特定すればするほど，後の技術進展や社会の変化により，規制の対象それ自体が存在しなくなってしまい，その結果，**規定することの意味**がほとんどなくなってしまうという現象が起きてしまうのです。もちろん，法の改正を重ねることによって対応することは可能ですが，そのことにも一定の限界があります。とすると，後に生じるであろう細かな状況の変化に対応しやすいように，**一定程度に抽象的な言葉を用いる**というのも，一つの方法なのです。しかしその際には，上述した「解釈」の必要性が生じてしまうのです。

では，「電動アシスト自転車」は？

例えば，現在，町には「電動アシスト自転車」なるものが走っています。これは，「自転車」なのでしょうか。それとも，「原動機付自転車」なのでしょうか。町でよく見かける「一方通行」の標識に「自転車を除く」と付されていることが多いため，そのような一方通行路を逆走できるかどうかとか，さらには，運転免許が必要かとか，ヘルメットの着用が義務づけられるかといったいろいろな観点から，問題になります。

この点，ペダルを漕がなければそもそも進まず，一定以上の速度になると原動機からのアシストが得られなくなるという面においては「自転車」に近いといえます。しかし，その速度未満だと，原動機の力が一定程度働いて進むという点においては「原動機付自転車」に近いともいえます。みなさんはこの点につきどのように「解釈」するでしょうか？

これについては，道路交通法上は明らかではありませんが，実は，道路交通法施行規則においては，「自転車」に近いものとして取り扱われているようで

す。その手掛かりとなる条文を，是非，自分で探してみましょう。

　また，最近では，様々な「乗り物」を町のそこかしこで見つけることができます。ペダルを漕がなくても進む電動自転車，スケートボードやキックボード（エンジンが付されたものもあります），一輪車，セグウェイ……。これらが道路交通法上どのように分類され，その結果，どのように扱われるのか，みなさんも自分なりに考えてみましょう。

セグウェイ
（写真提供：産経ビジュアル）

3　法解釈における留意点

　以上のように，法文の中ではある程度抽象的な言葉を用いざるをえず，そしてその結果として「法解釈」が必要となります。このことを理解した上で，実際に「法解釈」を行うとした時に，どのような点に留意しなければならないでしょうか。

「法解釈」してみよう

　法律については，これからたくさん勉強することになると思いますから，まずは，法律の条文の具体的な文言を用いずに，**法解釈**と似たようなことをしてみたいと思います。

　例えば，世の中の全ての動物に関して，「牛」という言葉と，「馬」という言葉しか存在しなかったとします。すなわち，全ての動物は，「牛」か「馬」，どちらかに必ず分類されることになるわけです（実際にも，例えば，魚をよく食べる私達日本人は，「鰯」「秋刀魚」「鯖」「鱈」など魚に関して細かく分類・命名していますが，魚をあまり食べない民族の言語では，これらを全て"bluefish"の一語で片づけてしまうような傾向があります）。

　そこに，黄色くて，大きな茶色のまだら模様があり，首が長く，二つの小さな角を持った大きな動物がやってきました。この動物は新種であり，まだ

3　法解釈における留意点　● 59

「牛」にも「馬」にも分類がなされておらず，みなさんがどちらかを決めなければなりません（上記において「牛」「馬」の二つの言葉しかなく，どちらか二つに分類されるはずであると定義していますから，「キリン」というのはなしです）。

大学の「法学入門」の講義で，新入生達にこの質問をぶつけると，例えば，以下のような答えが返ってきました。

① 体型説

学生：「どちらかどうしても決めなければならないとしたら，『馬』だと思います。その動物は何となく『馬』に似ているからです」

先生：「なるほど，では，あなたの考えている『馬』に似ているものは『馬』，あなたの考えている『牛』に似ているものは『牛』だとすると，『馬』に似た感じの牛を連れてきたら，それは『馬』だね」

学生：「いえ，それは牛ですから『牛』です」

先生：「じゃあ，『牛』か『馬』かは，あなたはどうやって決めているのかい？」

学生：「うーん，それでは，太っているのが『牛』で，痩せているのが『馬』です」

先生：「とすると，太っている馬が来たら，それは『牛』だね」

学生：「いえ，それは馬ですから『馬』です」

先生：「うん？ おかしいね。さっきは太っているか痩せているかが区別の基準だと言ったのではないかな？」

学生：「そうですね……」

ちなみに，自然界の牛は，あまり太っていません。私たちがイメージする牧

60 ● CHAPTER 4 法学における「法解釈論」

場の牛たちは，搾乳あるいは食肉の目的で人為的に太らされているのであり，もしも太っているのが『牛』だと定義すると，自然界の牛はみな『馬』ということになってしまいます（世界には，牛を神聖な動物として大事にしていて，自分達が貧しくても野良牛に食べ物を分け与えて生存させているような地域もあります。私が訪ねたあるインドの貧しい町では，人々が貧しいが故に，その野良牛もガリガリに痩せていました）。

② 足速説（アシハヤ）

先生：「それでは，隣の君はどうかな」

学生：「僕も，その動物は『馬』だと思います。ただ，理由は違って，足が速いからです。」

先生：「君はこの動物が走っているところを見たことがあるのかい？」

学生：「い，いえ。走っているところを見たことはないのですが，何となく足が速そうだと思います」

先生：「まあ，その点は措くとして，君の基準からは，そうすると足の速い牛は『馬』だね」

学生：「いえ違います。それは牛だから『牛』です」

先生：「おかしいね。さっきは足が速いか遅いかが区別の基準だと言ったのではないかな。まあ，いいでしょう。その点も措くとして，だいたい時速何キロくらいから『牛』と『馬』が区別されるのかな？」

学生：「時速何キロって言われても……」

　ちなみに，自然界の牛は，結構，足が速いようです。スペインの伝統的なお祭りで，怒濤のごとく町の中を駆けてくる牛から逃げまどう人々の映像を見たことがある人もいると思います。また，上記のやりとりの後半では，時速何キロメートルくらいが足が速いか遅いかの分かれ目になるのかが質問されていますが，実は，これは太っているか痩せているかの区別の話にも同様に当てはまる問題です。

③ 首長説（クビナガ）

先生：「それでは，さらに隣のあなたはどうですか」

学生：「私も『馬』だと思います。理由は，うーん，それでは，首が長いからです」
先生：「そうすると，あなたの基準からは，首の短い馬は『牛』だね」
学生：「いえ，それは馬です。だいたい，馬はみな首が長いです」
先生：「全部チェックしたの？」
学生：「い，いえ。そんなことはしていませんが……」
先生：「じゃあ，どうしてそう言い切れるのかい？　まあ，そうした点は措くとして……あの，次に私が何を質問するかわかるかな？」
学生：「何センチくらいから首が長いといえるかですよね……」

　この説も，上記の「体型説」，「足速説」と同じような問題をはらんできます。

④ 模様説

先生：「それでは，その後ろのあなたはどうですか」
学生：「私は『牛』だと思います。まだら模様があるからです」
先生：「ちょっと待ってください。牛にもまだら模様があるのかい？」
学生：「あります。黄色と茶色，白と黒の違いはありますが，まあ似たようなものです」
先生：「では，馬の中にも『シマウマ』と呼ばれているものがあるよね。あれは，『牛』なのかな？」
学生：「いえ，あれは縞ですから，まだらではないので，『馬』です」
先生：「じゃあ，縞とまだらの中間的な模様の動物が来たら……まあ，それはいいでしょう。そのことは措くとして，あなたの基準だと，そもそも黒毛和牛は『馬』だよね」
学生：「！」

　この基準では，どのような模様をもって（縞とは異なる）「まだら」というのかという問題の他に，ホルスタイン系ではない牛が『馬』になってしまうという問題が生じてしまいます。どうでしょう。この辺になってくると，ゲームのような感覚になってくるのではないでしょうか？

⑤ 食物説

先生：「それでは，その斜め後ろの君はどうですか」
学生：「『馬』です。理由は，食べられないからです。『牛』は食べられます」
先生：「何だか教室がざわついているね。その隣の君，何か反論があるかい？」
学生：「あの，『馬刺し』ってありますよね。馬も食べられるんじゃないかと思いますけど」
先生：「それに対して，『食物説』の君，何か再反論はありますか」
学生：「食べられるかもしれませんが，美味しくないです」
先生：「でも，美味しいかどうかは君の主観でしょう。牛肉が嫌いな人もいれば，馬刺しが好きな人もいるのではないかな。まあ，その点は措くとして，その後ろの君も何か言いたそうだね」
学生：「ヒンズー教徒は牛を食べないと思いますが……」
先生：「最初の君，どうかな」
学生：「僕はヒンズー教徒ではありませんので，美味しくいただきます」
先生：「そうすると，結局，君の説は，『自分が美味しく食べられる説』で，美味しく食べられるのが『牛』，そうでないのが『馬』ということだね」
学生：「は，はい。ですから，鶏も『牛』として美味しくいただきます」

　既に明らかなように，人によって感じ方が異なる基準に依拠しているが故に，誰が判断権者になったとしても同じ結論を出すために必要な「基準」としては，もはや意味をなさなくなっています。

⑥ 鼻輪説

先生：「そのさらに後ろの君はどうですか」
学生：「私は『馬』だと思います。なぜかと言うと，先生の描いた黒板の牛には鼻輪があるからです。でも，その黄色い動物には，鼻輪がありません。だから，『馬』です」
先生：「！　……えっと，そうすると，自然界の牛のほとんどは『馬』ということになるね……」
学生：「はい。そういうことになります。それが何か？」

先生：「キャンパスでも，たまに人間で鼻輪を付けているのを見かけるが……」
学生：「はい，それは『牛』です」
先生：「！」

どうでしょう。この話の狙いが少しずつわかってくると，このゲームを積極的に楽しむ気分になってきませんか？

⑦ 角説

先生：「えーっと，ではそのさらに後ろのあなたはどうですか」
学生：「私は『牛』だと思います。先生の描いた黒板の牛には角があり，その黄色い動物にも角があります。だから，『牛』です」
先生：「角の無い牛，角のある馬はいないのかい？」
学生：「私の知る限りは，いないような気がします」

その基準は明確か

ここで，今までの説を整理してみましょう。すなわち，①「体型説」，②「足速説」，③「首長説」，④「模様説」，⑤「食物説」，⑥「鼻輪説」，⑦「角説」です。このような「牛」と「馬」の境界線をめぐる「学説」について，以上のやりとりの中で，それぞれの説の問題点が一定程度は顕わになっているように思えます。例えば，①〜⑤の立場においては，何キログラム以上あれば太っているのか，時速何キロメートルで走れば足が速いのか，何センチ以上あれば首が長いのか，どの模様が「まだら」で「縞」ではないのかなど，**基準の明確性**という点に一定の問題があります。

だれが判断権者になったとしても同じ結論が出るように法があり，しかし，法を作る過程でどうしても抽象的な言葉を用いざるをえない。その際に，そうした言葉を用いたとしても，誰が判断権者になっても同じ結論が出るように，こういった言葉の内容を明らかにしておく。それが「**法解釈**」の一つの大きな意味です。そうであるにもかかわらず，そのための解釈基準が不明確であるならば，その説には明確性という点で問題があるといわざるをえません。

おかしな結論が導かれないか

　第二に，①〜⑥の立場においては，時折（あるいは相当程度），**社会的に受け入れることができないほどおかしな結論**が生じてしまうという問題もあります。痩せている牛が『馬』にされたり，足が遅い馬や首が短めの馬が『牛』にされたりすることは，やはり結論として抵抗があります。黒毛和牛が『馬』に分類されるのでは，さらに抵抗があるでしょう。ましてや，人によって異なるのが当然である食べ物の嗜好性や味覚を基準にしたのでは，万人が納得できる「法解釈」などおよそ達成できるわけはありません。

　ここで注目してほしいのは，さらにおかしな結論を生み出す⑥の立場です。この立場によれば，自然界の多くの牛が『馬』に分類され，鼻にピアスをしている学生が『牛』に分類されるわけですから，その結論の奇矯さは言わずもがなです。しかし，明確性という点においては，実はこの立場は優れています。だれでも，その動物の鼻を見れば，結論を導けるという点のみに限っては，優れた学説であるともいえるのです。

運用コストにも注目

　第三に，もう一つ分析に加えてほしいのは，それぞれの基準を現実に使おうとする際に，**どれだけのコストがかかるのか**という視点です。例えば，①説に従って『牛』か『馬』かの決定を行おうとした場合，微妙なケースについては，その動物を計量しなければなりません。今回問題になっているような首の長い大型の動物の計量には，いったいどのくらいのコストがかかるのでしょうか。同様に②説も，その動物を実際に走らせる必要があるわけですが，そのコストも時には馬鹿にならないでしょう。その意味では，③説に従い，首の長さを測るのは，まだ現実的に実行可能かもしれません。他方，④説や⑥説であれば，遠くからでも観察すればよいわけですから，コストという点ではあまり問題にならないでしょう。これに対し，⑤説は，その動物を殺して食べなくてはいけないので，コスト以前の問題が発生するといえるかもしれません。

「角説」の分析

　ここで，ここまでのところでいまだ触れていない⑦説を，この三つの視点，すなわち，(i)**基準の明確性**，(ii)**結論の社会的妥当性**，(iii)**運用可能性**という視点から，分析してみましょう。まず，(i)の点では，⑥説と同様に，角があるかどうかは見ればわかるので，その意味で明確であるといえます（もっとも，赤ちゃんだと角が皮膚の下に隠れているといった場合はあるかもしれませんが）。他方，(iii)の点では，④説，⑥説と同様に，遠くからの観察で足りるものであり，それほどのコストがかからないということになります。

　あとは，(ii)の結論の社会的妥当性ですが，実は，この立場から導かれる結論は，牛と馬の生物学的な分類基準による帰結とほぼ一致しているのです。すなわち，生物学的には，蹄の数で分類がなされており，牛は偶蹄目（蹄の数が2か4），馬は奇蹄目（蹄の数が1か3）に属することになっています。それでは，「キリン」はどうかといえば（すみません。ついにこの言葉を使ってしまいました），実は，その蹄は2つに割れているのです。とすると，キリンは偶蹄目であり，生物学的には「牛」に分類されるということになります（この結論には，みなさんの中にも驚かれた方がいたのではないでしょうか）。その意味において，牛とキリンを角の有無によって同じグループに分類する⑦説は，生物学上の結論とほぼ一致する帰結をもたらしているといえるのです。

　しかし，ここで急いで付け加えたいのは，社会の中では，時に，最先端の科学による分類が，社会における人々の感覚とズレることがあり，そのことをどのように評価すべきかについては議論の余地があるということです。そしてそのために，(ii)の「妥当」な結論を導くものか否かという視点に，「**社会的**」という言葉が付与されているのです。もしも生物学的にはキリンは牛の仲間であるとしても，人々の常識的な感覚からすれば馬の仲間とされなければ絶対におかしいという前提があるのであれば，⑦説はむしろ「結論の社会的妥当性」が無い立場として評価されなければならないかもしれません。

> **Column⓬　タヌキ・ムジナ事件とムササビ・モマ事件**
>
> 　ここでは，あくまで頭の体操として，キリンが「牛」なのか「馬」なのかを考察してみましたが，実際に裁判で争われた事件の中に，ある動物が法律上捕獲することが禁止されているものにあたるか否かが問題となったものもあります。その一つが，「**タヌキ・ムジナ事件**」と呼ばれるものです（大判大正14年6月9日刑集4巻378頁）。一定の場合に「タヌキ」の捕獲を禁止していた当時の「狩猟法」との関係で，自分が捕まえた動物は「ムジナ」であると主張する者の同法違反が問題となったという事件でした。前提として，その地域で「ムジナ」と人々に呼ばれていた動物は，生物学的には「タヌキ」と同じものでありました。しかし，社会的には「ムジナ」は「タヌキ」とは異なる動物であると考えられていたため，そのことを理由に，（今で言う最高裁判所に当たる）大審院は，法律上捕獲が禁止されていた「タヌキ」を捕まえる意思はなかったとして，無罪としたのでした。
>
> 　ところが，これに対して「**ムササビ・モマ事件**」と呼ばれる事件では（大判大正13年4月25日刑集3巻364頁），自分が捕まえた動物は「モマ」であり，法律上捕獲が禁止されていた「ムササビ」とは異なると主張する者に対し，大審院は，有罪としています。両事件はどこに違いがあったのでしょうか。この点については，「刑法」の講義で，是非，勉強してみてください。

比較法と沿革

　なお，ここまでで(i)基準の明確性，(ii)結論の社会的妥当性，(iii)運用可能性という三つの視点を法の解釈において考慮すべき要素として示しましたが，この他にも法解釈において考慮すべき要素として「法学」の分野で伝統的に用いられているものがあります。

　一つは，「**比較法**」です。同じような問題について，外国ではどのように取り扱われているのだろうか。これを調査し，その結果を解釈論の中で考慮するという手法です。ただ，諸外国がその問題に対して同じような対処をしていればよいのですが，いろいろな対処法が存在しているような場合には，どの対処法を考慮すればよいのかという問題に直面することもあります。

もう一つは，「沿革」です。その法律や条文が作成される過程で，様々な議論がなされているはずです。そうした議論を昔の資料等を通じて読み解くことで，どのような趣旨でその法律や条文が作成されたのかにつき明らかにし，その結果を解釈論に反映させるという方法です。しかし，これについても，立法の過程で議論が混乱していたり，意見が対立していたりすることも少なくはなく，一義的に結論を導くことが難しい場合も多くあります。

　なお，これから法学を学んでいくみなさんには，是非，このような視点から，様々な問題についての法解釈をめぐる学説の対立を**批判的に観察**していただければと思います。すると，ある問題については沿革を理由に自らの解釈の正当性を主張しているのに，その同じ学者が，別の問題については沿革を無視して自らの解釈論を展開しているといった情景を，時に見出すことができるかもしれません。あるいは，ある問題についてはドイツにおける議論を理由に自らの解釈の正当性を主張しているのに，その同じ学者が，別の問題については（ドイツにおける議論とは異なる）米国の議論を理由に自らの解釈論を展開しているといった情景を，時に見出すことができるかもしれません。

Column ⓭　日本の近代化における比較法の役割と「解釈」

　諸外国の法学論文，特にイギリスのそれを読んでいると，わが国の法学論文に比べて，外国の法制度や議論の紹介に割かれているスペースが少ないことに気がつきます。このことは逆にいえば，自国の法制度のあり方を論ずるにあたって，外国での対応を参考にする余地は必ずしもないと考えているともいえます。その反対に，わが国では伝統的に，法学論文において比較法が占める割合は大きいように思われます。そして，その背景には，明治維新の後，急ピッチで「近代国家」を構築しなくてはならなかった，わが国固有の事情があったように思われます。

　後で改めて詳しく述べますが，明治維新の後，日本を「近代国家」として「欧米列強」と呼ばれる諸外国に認めてもらうためには，**近代的な法制度**を急いで整える必要がありました。そのため，当初においては「お雇い外国人」と呼ばれる外国人法学者を日本に招き，その外国の法制度を日本に移入するための努力が行われました。そして，やがてこうした努力は，欧米各国に派遣され，その外国の法制度を吸収し，帰国した日本人法学者に引き継がれました。その結果，わが国

における法学の議論においては，欧米を中心とした外国の法制度の紹介・導入，すなわち，比較法が占める割合が大きくなったように思われます。

　もっとも，それぞれの国の法制度は，それぞれの国に昔から根付いている文化や，その社会での固有の必要性を基礎に，成立しているものがほとんどです。そのため，外国の法制度や議論をそのまま取り入れたとしても，わが国固有の文化や社会における必要性との関係で，それがうまく機能するとは限りません。むしろ，わが国固有の文化や実際の必要性との関係で，様々に微修正，時には大幅な修正を加えなくては，とても運用できないということも少なからずあったかと思います。

　とすると，わが国の「解釈」のもう一つの特徴の理由が，ここに見えてくる気がしてきます。実は，諸外国の法律の運用実態と比べると，わが国では判例や学説が「法律」を「解釈」する際の自由度が大きい，すなわち，条文の実際の文言からかなり離れた「解釈」でも許されてしまう傾向があるようです。そしてその特徴の背後には，外国の法制度や議論を直接に移入せざるをえなかった，わが国固有の時代背景があるように思われてならないのです。

4　法解釈の限界

　以上において，「法解釈」を行う場合に留意すべき点について述べてきました。ところで，このような法の「解釈」はどの程度まで許されるのでしょうか。

利息制限法に関する最高裁判決

　例えば，解釈の限界につき議論がなされる時に，必ず検討の対象となっていた最高裁の判例がありました。まずは，その検討の前提として，「**利息制限法**」という法律について説明したいと思います。この法律は，お金の貸し借りがなされる際に，経済的に弱い立場にある借り主（債務者）を保護するため，一定以上の利息が課されることを制限するものです。そして，かつての同法1条2項は，債務者は，同条1項により定められている利息制限の「超過部分を任意に支払つたときは」「その返還を請求することができない」と規定していまし

た。

　これを文字通り読めば，同法で制限されている利息以上の金利で消費者金融からお金を借り受けた消費者が，（本来はそれを超過した部分については支払う必要はないにもかかわらず）自分からすすんで支払ってしまった場合には，もはやその部分については返還請求できないということになるはずです。

　しかし現実には，同法の存在によって支払う必要がないことを知らないまま，制限利息を超過した部分について「任意」に支払ってしまったという消費者が多いというのが実情でした。そうした状況の下，これでは**社会的に妥当な結論**は導けないとの価値判断があったのでしょう。最高裁は，1968年の判決で，この明文規定の文言とは明らかに異なる**解釈**，すなわち，一定の条件の下であれば返還請求できるという解釈を示したのです（最判昭和43年11月13日民集22巻12号2526頁）。

文言からあまりに離れた解釈の評価

　このような明文規定の文言に真っ向から反するような解釈は，はたして許されるのでしょうか？　これについては，国会が「唯一の立法機関」（憲法41条）であることとの関係で，「**正統性**」を認めることができるかを考える必要があるでしょう。また，先に述べた(i)**基準の明確性**の要請との関係でも，注意しなければならないことがあります。それは，文言上明らかである基準を覆すことで，明確な法文であっても依拠すべきではないものがあるのだというメッセージを人々に与えてしまうことになりはしないかという点です。その結果，基準の明確性に混乱を与えてしまったとすれば，やはり問題があるといえるでしょう。

　もっとも，この当時においては，現在ほど国会による法律の改正が頻繁ではなかったという事情を加味する必要もあるかもしれません。すなわち，国会に任せているだけでは，前述の(ii)とはかけはなれた社会的に妥当ではない結論が常に導かれるという状態がいつまでも継続したであろうという点を，どのように評価するべきかということです。

　なお，この問題，すなわち，利息制限法1条2項の文言と解釈により導かれる基準の間に大きな乖離があるという問題は，最終的には，この1条2項を削

除することにより解消されました。しかし，法律が改正され，立法的手当がなされたのは 2006 年であり，しかも実際に施行されたのは 2010 年であって，最高裁判決から実に約 40 年間放置され続けたわけでありました。なぜこれほどまでに時間がかかってしまったのか，その理由をみなさんも考えてみてください。

> **Column ⓮　解釈の手法**
>
> 　ここで，今後の学習のために，「解釈」手法の分類について知っておいてもいいかもしれません。
> 　まず，「**文理解釈**」とそれ以外です。「**文理解釈**」とは，要は，その条文の意味を，条文の文言のみを手掛かりに，文字通り忠実に解釈する手法です。これに対しては，条文の文言以外も解釈の手掛かりにしても構わないという手法が対立します。そして，その際に何を手掛かりとするべきかをめぐって，沿革，すなわち，立法当時の議論を重視する「**立法者意思解釈**」，その条文以外の条文をも含めて法制度全体を矛盾なく説明する点を重視する「**論理解釈**」，立法当時と現在の状況が異なっていることを前提に，立法当時に目指されたこと（制度趣旨）を現在の状況下でも実現することを重視する「**目的論的解釈**」などが対立することになります。
> 　他方，別の視点からの分類もなされています。例えば，「公園に犬を連れ込まないで下さい」との規定があった場合に，犬以外の動物は何でも連れ込んでよいと解するのが「**反対解釈**」です。これに対し，犬以外でも一定以上の大きさの動物については連れ込んではいけないのではないかと解するのが「**類推解釈**」です。また，同じ例において，「犬」という文言を「人に危害を加える危険性があるような犬（小型犬は含まない）」というように縮小的に解する手法については，「**縮小解釈**」と呼ばれています。これに対し，「犬」という文言を「イヌ科に分類される動物全て」というように拡大的に解する手法については，「**拡大解釈**」と呼ばれています。
> 　ここで，「類推解釈」と「拡大解釈」について，何が違うのか疑問に思う方もいるかもしれません。この点については，「公園に犬を連れ込まないで下さい」という規定における「犬」の意義についてはそのままに，犬以外の類似の動物についても別に書かれざるルールが存在しているのではないかと考えた上で，その別のルールを解釈により導こうとするのが「**類推解釈**」であり，これに対し，このルール自体の「犬」の意義を拡大して解釈した上で，このルールの内部で犬以

> 外の類似の動物についても扱おうとするのが「拡大解釈」であるというように説明されています。そして，例えば，「刑法」では，「類推解釈」は許されないが「拡大解釈」は許されるとも言われています。なぜそうなのか，二つの違いをも含めて，「刑法」の講義の中で，是非，勉強してみてください（その際には，批判的な視点も忘れないでください）。

5 法学における「立法論」

立法論も大切

　ただ，近年においては，国会による法律の改正は，かつてに比べてかなり頻繁に行われるようになっています。そのため，国会に任せておけないという理由で無理な法解釈を強行する必要性が，かつてよりは少なくなっているかもしれません。

　とすると，これからの「法学」においては，「解釈論」と同じだけ「立法論」がきちんとできることが重要になるでしょう。もっともその際，解釈論において考慮すべき要素として上述した，(i)**基準の明確性**，(ii)**結論の社会的妥当性**，(iii)**運用可能性**といった三つの要素は，新たな法を制定するという局面においても考慮すべき要素として，非常に重要なものになります。

諸科学との連携も

　加えて，法律の文言自体を白紙から作ることができ，その意味では「解釈」という作業に比べて制約が少ない「立法」という作業においては，なぜそのようなルールを構築しなければならないのか，その「合理性」についてより厳しい検討が必要となります。そして，より厳密な正当化のために，「法学」以外の周辺諸科学の知見を利用することが必要になることもあります。すなわち，現代の「法学」では，**周辺諸科学との連携**が重要といえますが，それについて

は第 5 章で詳しく見ていきましょう。

> **Column ⓯　米国のロースクールの下での学部教育**
>
> 　第 1 章で述べたように，わが国の「法科大学院」に入学するためには「法学部」を卒業している必要がありません。そしてそのような制度となった理由としては，大学の学部レベルにおいて「法学」以外の様々な勉強を積んできた学生を，「法学」の分野で活用したいという要請があり，そのさらなる背後には，制度設計の際に参考にされた米国のロースクール制度がありました。
>
> 　米国では，大学の学部レベルにおいて，「法学部」というものが存在しません。「法学」を専門とする教育機関は大学院レベルのロースクールに限られ，その結果として，ロースクールに入学してくる者はみな，「法学」以外の何かを勉強してから「法学」の勉強を始めるということになります。
>
> 　とすると，ここにおいて周辺諸科学との連携が必然的に生まれることになります。後に紹介する様々な周辺諸科学の「法学」での本格的な利用がみな米国で始まったことには，実は理由があるのです。
>
> 　加えて，「法学」の裾野を広げるという効果も生み出しました。「スポーツ法」，「エンターテインメント法」，「インターネット法」など，学部で学んだ知見の活用により，それまで「法学」との接点が少なかった様々な分野に「法学」の専門領域が確立し，実務法曹の新たな活躍の場も次々に生まれました。
>
> 　現在，わが国の法科大学院では，当初の構想とは異なり，法科大学院入学者における他学部の学生や社会人学生の割合が伸びず，むしろ減少傾向にあるようにいわれています。そのことのデメリットや対策についても，真剣に考え直す時期にあるのかもしれません。

QUESTION

☐ 1　「解釈」が必要な何らかのルールを身の回りから探し出して，自分なりにそのルールを「解釈」してみましょう。その際には，一つだけではなく，複数の考えられうる立場や基準を想定し，それぞれのメリットやデメリットを検討してみましょう。

☐ 2　裁判所による「法律」の大胆な「解釈」には，どのような評価が与えられるべきでしょうか。自分なりにメリットやデメリットを検討してみましょう。

第5章 法学の分野

1 実定法

> **法学の分野**

　前章までに、「法学」を学ぶ意味について、そして、「法学」あるいは「法」とは何かについて、さらには、その中でも「法解釈」というものについて、考察を深めてきました。しかし、内容的に深くなればなるほど、抽象的な説明にならざるをえない部分があります。そこで、本章では、「法学」にはどのような分野があるのか、もう少し具体的に説明することで、みなさんのイメージを高めてみたいと思います。

　例えば、本書は有斐閣という出版社から出版されていますが、その有斐閣の「法律」における図書目録の目次を見てみましょう（なお、大学での授業では、ここで大学の法学部におけるカリキュラム表を見てもらっています。しかし、本書は広く法学部生一般を対象にするものですから、ここでは同社の図書目録目次を借りてきたいと思います）。

> **「有斐閣・図書目録」目次**
> 「有斐閣・図書目録」の目次における「法律」の部分は，以下のように分類されています。
>
> | | |
> |---|---|
> | 憲　法 | 刑事訴訟法 |
> | 行政法 | 刑事学 |
> | 民　法 | 労働法・社会保障法 |
> | 不動産法 | 経済法・知的財産法 |
> | 商　法 | 国際法 |
> | 裁判法一般 | 国際私法・国際取引法 |
> | 民事訴訟法 | 法哲学・法社会学・法制史 |
> | 刑　法 | 外国法 |

憲法・行政法

　まずは，「**憲法**」です。国の最も基本となる法であり，わが国においては「**日本国憲法**」として存在しています。その中は大きく，「**統治**」と「**人権**」に分けることができます。「**統治**」は，第 **3** 章で概観したように，国の組織形態について定めている部分であり，「**人権**」は，国会により制定された法律によっても奪うことができない人々の権利が列挙された部分です。国そのもの，そして，国と人々の関係について定めた「**最高法規**」であり，これを研究するのが「**憲法学**」と呼ばれる学問分野です。あらゆる分野に影響を与えざるをえない「法」であり，どこの法学部でも学生は最初に勉強することになります。

　また，「**憲法**」には劣後する「**法律**」のレベルにおける存在ではありますが，国（あるいは地方公共団体）そのもの，そして，国（あるいは地方公共団体）と人々の関係について定めているという点では同様のものとして，「**行政法**」と呼ばれる分野もあります。その名称からもわかるように，その対象は，行政権や行政作用との関係を中心としたものになります。本書で前に扱った「道路交通法」や，後に扱う「消費税法」，「警察法」などの法律が，例えば，この分野に分類されることになります。少なくとも公務員を志望する学生であれば，しっかりと勉強するべき分野といえましょう。

民法・商法

次に,「民法」です(「不動産法」は少し細かすぎるのでここでは省かせてください)。私人や私的団体の間における関係を規律する法律であり,このような関係を規律する法律の大原則となります。逆に言えば,「民法」の上に,前に扱った「電子消費者契約法」や,後で扱う「借地借家法」など,多種多様な「特則」が存在し,私たちの私的な法律関係を規律しているわけです。もっとも,そうした特則がない場合には全て,「民法」の規律に戻らざるをえないともいえ,私的な法分野における最も重要な法律であることに疑いの余地はありません。

ところで,そうした特則の中でも最大のものが,「商法」や「会社法」と呼ばれる法律です。これは,私人や私的団体の中でも,ビジネス取引を日常的に行っている私人や私的団体に関しては,「民法」のルールを厳格に適用すると,例えば,スピーディーなビジネス取引の実現を阻害してしまう。そこで,ビジネスのプロとプロの間における取引や,ビジネスのための団体の組織構成などについては,その要請に見合った特則が用意されているわけです。ビジネス社会を中心に活躍したいという将来像を持つ学生にとって,勉強する価値は高いといえます。

民事訴訟法

続いて,「民事訴訟法」です(「裁判法一般」は少し細かすぎるのでここでは省かせてください)。同じく私的な法分野に位置づけられますが,「民法」や「商法」が「実体法」と呼ばれることがあるのに対して,「手続法」と呼ばれる分野に分類される法律になります。「実体法」が,損害賠償請求権の有無であるとか,契約の無効であるとか,ちょうど神様の目から見ているかのように,**権利義務関係の有無**について規律するのに対し,実際の社会では,第**2**章で見たように,当事者間で事実関係に争いがある結果(さらに法の解釈適用についても争いがある場合もあり),損害賠償請求の可否や契約の無効主張の可否について争いとなることが少なくありません。加えて,それらの可否が明らかであったとしても,開き直って損害賠償を支払わない,契約の有効性を認めないといった事態も少

なからず生じます。

　そのような場合，裁判で白黒をはっきりつける必要が生じます。裁判官の面前で，当事者双方が自ら法律に関する主張，事実に関する主張を行う。さらに，そうした主張を裏付ける証拠を提出し，証人を尋問する。そうしたプロセスを通じて，事実関係が明らかになり，いかなる内容のいかなる法律が適用されるのかも明らかにされ，最終的な結論が「**判決**」といった形で示されることになります。そして，そのための手続の進め方を定めているのが，「**民事訴訟法**」ということになるわけです。

　なお，この他にも，「**強制執行**」のための手続の進め方を定めている「**民事執行法**」，「**破産**」という手続の進め方を定めている「**破産法**」など，「**手続法**」に分類される法律は様々に存在しています。実務法曹を目指そうとする学生であれば，将来関わる可能性が高い分野であるといえ，学ぶに値する学問分野といえましょう。

刑法・刑事訴訟法

　ところで，以上の「実体法」「手続法」の分類は，損害賠償請求権の有無や契約の有効無効を扱うような民事的な法分野だけではなく，刑事的な法分野においても見出すことができます。すなわち，「民法」「商法」に対して「民事訴訟法」が存在するように，「刑法」に対して「刑事訴訟法」が存在しています。

　前に扱ったように，どのような場合に窃盗罪に当たるとして罪に問われるのか，ちょうど神様の目から見ているかのように，その要件について定めているのが「**刑法**」です。しかし，事実関係に争いがある結果（さらに法の解釈適用についても争いがある場合もあり），有罪か無罪か，量刑はどうなるかについて，争いとなることが少なくありません。加えて，犯罪を構成することが明らかであったとしても，開き直って違法行為を止めない犯罪者も，残念ながら存在しています。

　そのような場合，裁判で白黒をはっきりつける必要が生じます。裁判官の面前で，検察官と被告人のそれぞれが自らの法律に関する主張，事実に関する主張を行う。さらに，そうした主張を裏付ける証拠を提出し，証人を尋問する。そうしたプロセスを通じて，事実関係が明らかになり，いかなる内容のいかな

る法が適用されるのかも明らかにされ，最終的な結論が「**判決**」といった形で示されることになります。そして，そのための手続の進め方を定めているのが，「**刑事訴訟法**」ということになるわけです。

　将来的に警察官，検察官を志望する者ではなくとも，実際に起こった事件はどれも興味深いものばかりであり，挑戦しがいのある分野であるといえます（なお，「刑事学」については，後で触れます）。

労働法・社会保障法

　この他には，例えば，会社組織などにおける使用者と労働者の関係につき規律している「**労働法**」という分野があります。使用者に対して弱い立場に立たされざるをえない労働者の保護という要請が強い点において特徴がある分野であり，現代においては極めて重要な問題であるといえます。「**労働基準法**」，「**労働組合法**」などが，こちらに分類されます。みなさんの中にはアルバイトをしている人が多いとは思いますが，そちらでの労働条件など，みなさんに関係することが意外に多い分野です。もちろん，将来的にいずれかの企業に就職するということになれば，そこで重要になってくることは当然です。

　また，国家による福祉サービスの拡大にともない，最近では「**社会保障法**」の重要性も増大しています。私たちが病気や事故の時に医療サービスを気軽に受けられるのは「**健康保険法**」によるものですし，将来の年金については「**国民年金法**」などが規律しています。こちらも意外に，みなさんと関係の深い分野なのです。

経済法・知的財産法

　また，「経済法」，「知的財産法」といった分野についても，近年においては，さらに重要度が増しています。有名企業が「**独占禁止法**（私的独占の禁止及び公正取引の確保に関する法律）」に違反したとして，「**公正取引委員会**」が立ち入り検査を行ったといったニュースが，新聞やテレビを賑わせることがありますが，例えば，これがまさに「**経済法**」に分類される法律です。ある製品に関して市場で独占的な地位を有する企業が存在する場合や，複数の企業が密かに裏で手を結んだ場合には，製品の価格を一方的に釣り上げて大幅な利益を得ることが

可能になってしまいます。しかし，それはその製品を購入する人々が犠牲になることを意味するわけですから，そのように「市場の公正」が害されないように，法律の力で規制がかけられているわけです。

他方で「**知的財産法**」は，「**特許法**」，「**著作権法**」，「**商標法**」といった法律が分類される法分野ですが，その現代における重要性については，同様に，日頃の新聞やテレビの報道から簡単にイメージすることができると思います。スマートフォンの技術が特許を侵害するか否かをめぐって二つの有名企業が火花を散らす，インターネット上に許可もとらずに動画をアップロードした者が逮捕される，偽ブランド品が摘発されるなど，「知的財産」に関する様々な報道の基底には，こうした法律の存在があるのです。

国際法

ところで，以上は，日本の憲法，あるいは，日本の国会が制定した日本の法律であることが前提になっていますが，法分野の中には，日本だけで完結しない「法」も存在しています。それが，「**国際法**」あるいは「**国際公法**」と呼ばれる法分野であり，二国間で締結された「**条約**」や「**協定**」といった「法」が具体的にどのような意味を有しているのか解釈する，さらには，そのように成文にはなっていないものの，各国が遵守している**国際的な慣習法**があるのであれば，その具体的な意味を探究するといった事項を扱っている法分野です。

その一つの特徴は，原則としてこの「法」の締結主体が国家であるという点にあります。日本国とアメリカ合衆国，日本国と中華人民共和国というように，国家間での法的な問題が取り扱われることになり，こちらについても，海上に浮かぶ島の領土帰属の問題など，近年の新聞やテレビ報道を賑わせています。

国際私法・国際取引法

他方，国際的な法分野の中でも，国家以外の主体，例えば，日本の私人や私企業が，グローバル化の進展によって，日本以外の私人や私企業と，**国際結婚**や**国際取引**といった形で，法律関係を結ぶことも，昨今では珍しくありません。こうした私的な法分野で，かつ，国際的な関係を扱っているのが，「**国際私法**」と呼ばれる分野や「**国際取引法**」といった分野になります。前者に関しては

「法の適用に関する通則法」という法律が存在し，場合によっては，その法律により日本以外の国の「民法」や「商法」の適用がわが国の裁判所で命じられることも少なくありません。

実は，本書の筆者である私の本当の専門は，こうした「国際私法」，「国際取引法」といった分野なのです。グローバル化の進展によって，ますます重要性が拡大しているとともに，非常にエキサイティングで面白い分野であります。筆者の特権を利用して，ここに強くお勧めしたいと思います。

「実定法」

なお，ここまでで紹介した様々な法分野は，**実定法**（あるいは「実用法」）という名称の下に分類されてもいます。すなわち，実際の社会の中で生きたルールとして日常的に用いられているものであり，こうした「法」が実際に適用されることで裁判手続が行われ，行政機関が運営され，さらには，契約や婚姻など私人間での法律的なやりとりがなされていくことになります。

2 基礎法

基礎法とは？

これに対し，実際の社会の中で用いられているルールそれ自体を直接には扱わない法分野もあり，**基礎法**といった名称の下に分類されています。具体的には，「法哲学」，「法社会学」，「法制史」，「外国法」といった分野になります。

それでは，これらは具体的にはどのような法分野なのでしょうか。それをわかりやすくイメージしてもらうために，一つの問題を考えてもらいましょう。すなわち，「赤信号では渡ってはいけないのか？」という問題です。

実定法的アプローチ

この問題に対して，**実定法**学的にアプローチをするとすれば，「赤信号で

は渡ってはいけない」というルールがどの法律のどの条文で定められているのか，もしも渡った場合の制裁や罰則は何か，これに関する裁判例としてはどのようなものがあるかというような形で，検討を進めていくことになります。

法哲学的アプローチ

しかし，例えば，「**法哲学**」のアプローチはこれとは異なります。どうして赤信号では渡ってはいけないのか。渡ってもよいのではないか。この「法」の存在意義を根源的なレベルにまで遡って探究するといったアプローチがとられます。まさに，「法」やこれをめぐる状況に対する「哲学」なのであり，「実定法」の各法分野とのアプローチの差は明らかです。

法社会学的アプローチ

他方で，「**法社会学**」のアプローチも，また異なります。「赤信号を渡ってはいけない」と表面的には言っているが，本当に人々は渡っていないのか。実際に路上で観察をし，統計をとるなどの作業も行われます。さらに，地域によるルール遵守の状況の差などを調査・分析し，何が人々の行動に違いを生じさせているのか，詳しく検討したりします。そこでは，「ルールを守る＝正しい」，「ルールを守らない＝正しくない」といった評価はとりあえずは脇に置かれ，どのような現象が実際に発生しているのかの観察に主眼が置かれます。「法哲学」との対比で言えば，こちらは「法」やこれをめぐる状況に対する「社会学」なのです。なお，「**刑事学**」と呼ばれる分野がありますが，これは，刑法分野における「法社会学」と言っても過言ではないでしょう。

法制史的アプローチ

これに対し，歴史的にはどうであったのかというアプローチも考えられます。もちろん，赤信号は現代にしかありませんから，赤信号それ自体に対する歴史研究は現実的ではありません。しかし，問題の設定をより広くする，例えば，街道が交差するような場所で，馬に乗って駆けてくる人と歩いている人が交錯するような状況において，どのように交通事故が防がれてきたのかといった問いとして考えるのならば，わが国の近世における状況につき研究をすることも

2 基　礎　法 ● 81

可能でしょう。これが「**法制史**」という分野であり，「法」やこれをめぐる状況に対する歴史研究といえましょう。

なお，「法社会学」や「法制史」は，わが国のそれのみを対象とするとは限りません。すなわち，国によるルール遵守の状況の差などを比較・検討したり，外国における法制度の変遷を歴史的に研究したりすることも非常に盛んです。

比較法的アプローチ

またさらに，外国の法制度の状況については，これを直接に調査・研究する法分野もあります。「**外国法**」や「**比較法**」と呼ばれる法分野であり，「アメリカ法」，「イギリス法」，「フランス法」，「ドイツ法」，「中国法」など，様々な外国の法制度が研究されています。

このアプローチの下では，諸外国では「赤信号は渡ってはいけない」というルールが法律上定められているのか。定められているとすれば，どの法律のどの条文で定められているのか。もしも渡った場合の制裁や罰則は何か，これに関する裁判例としてはどのようなものがあるかといったことが，事細かに調べられることになります。

実定法学への影響

なお，以上のような「**基礎法**」に分類される法分野は，それ自体としても非常に価値ある面白い学問分野なのですが，「実定法」に対する影響という点でも重要性を有しています。例えば，既に本書でも述べていますが，法律の条文の中には一義的に明確ではないものも多く，その結果，その規定する意味内容をめぐり解釈が分かれることが少なくありません。その際，A説が妥当なのか，それとも，B説が妥当なのかについて，議論がなされることになりますが，「基礎法」分野での研究が，この議論に大きな貢献をすることが多々あります。実務においてはどちらの立場が実際に採用されているのか，その法律を作成する過程でどのような議論がかつてなされていたのか，同じ問題につき諸外国ではどちらの立場が採用されているのか，そもそも根源的にはどうあるべきなのか。こうした「基礎法」分野における研究が，A説とB説のどちらが妥当なのかという議論に，大きな影響を与えるわけです。

3 隣接する他の分野

　ところで，ここまで「法学」の各分野について簡単に紹介してきましたが，「法学」を学ぶ過程において，隣接する他の分野についてもあわせて勉強することもお勧めしたいと思います。第4章で述べたように，特に「立法論」では，なぜそのようなルールを構築しなければならないのか，その「合理性」についてより厳しい検討が必要となり，そのために周辺諸科学の知見を利用することが必要になることがあります。すなわち，現代の「法学」では，周辺諸科学との連携が重要なのです。

　例えば，経済学です。近年の経済学の「法学」に対する影響力は非常に大きく，「法の経済分析」といった名称の下で，一つの学問分野を確立するほどになっています。経済学，その中でも，「近代経済学」における「ミクロ経済学」と呼ばれる分野が，「会社法」をはじめとする様々な「法学」に対して与える影響の大きさには，目をみはるものがあります。

　また，心理学についても，同様のことがいえるかもしれません。特に，「刑法」分野においては「犯罪心理学」といった名称の学問分野が伝統的に存在しており，その知見を使って犯人像が絞り込まれることによって，早期の検挙につながるといったことも珍しくはありません。

　さらにいえば，「政治学」の様々な分野を勉強することも，特に，「憲法」や「行政法」の理解との関係で，資するところ大であると思われます。

　この他，「法社会学」を超えて「社会学」や「統計学」そのものを勉強する，「法制史」を超えて「歴史学」関係の授業に参加する，「法哲学」を超えて「哲学」そのものに触れてみる，「外国法」を超えて各国の状況についての地域研究の授業をとってみるなど，積極的に他分野に目を向けてみてください。きっと役に立つはずです。

Column ⓰　教養について

　大学の「法学部」に入るまで，みなさんは小学校，中学校，高校と，様々な科目について勉強してきたかと思います。その中には，嫌いな科目，苦手な科目もあったでしょう。「数学なんて人生にとって何の役に立つのだ？」，「もう終わってしまった昔のことを掘り返してどうする。僕は今を生きているのに……」というように，文句を言いながら嫌々机に向かったこともあったでしょう。

　しかし，好きな科目だけしか勉強しないこと，さらには，自分の勉強すべき分野をあまりに早期に限定してしまうことは，実は考えものであるように思えます。みなさんの中には，将来，実務法曹になるために，早い段階から「法学」のみに集中して勉強しようと考えている人もいるかもしれません。けれども，実際に「法学」を職業とするようになってみると，かつて勉強した「法学」とは直接関係のない様々な知見が，色々な場面で意外なほどに役に立ってくれる。少なくとも，様々なヒントをくれることに驚かされます。その意味でも，せっかくの大学生活なのですから，「法学部生」であるからこそ，「法学」以外の講義も積極的に履修して，真の「教養」を身につけることを強くお勧めします。

QUESTION

- □ 1　「実定法」の中で，特にどのような分野に興味を持ちましたか。また，それはなぜなのでしょうか。自分なりに，考えてみましょう。
- □ 2　「基礎法」の中で，特にどのような分野に興味を持ちましたか。また，それはなぜなのでしょうか。自分なりに，考えてみましょう。

CHAPTER

第6章

法の適用プロセス

1 私人間における適用プロセス

　これまでに法学を学ぶ意味はどこにあるのか，そもそも法学とは何か，法とは何か，法解釈とは何かを検討し，さらに，法学の様々な分野について見てきました。できるだけわかりやすく解説してきたつもりですが，具体的なイメージがわきにくい部分もあったかと思われます。そこで本章では，みなさんの身の回りでどのように法が適用されているのか，具体的な法の適用プロセスの例を確認してみたいと思います。

　なお，以下では便宜上，みなさんの身の回りにおける事象の中で，行政機関が関与するような事象と，関与しない事象に分けて説明したいと思います。一般に，行政機関等の公的主体とみなさんの間の関係を規律する法を「**公法**」と呼び，それ以外の人々の間の関係を規律する法を「**私法**」と呼んだりしますが，その関係に対応しているといえるかもしれません（なお，本章では，みなさんにとって身近な「私法」から説明します）。また，その後に，身の回りに簡単には見出せない事象ですが，イメージを持っておくべきものとして，裁判所における法の適用プロセスについても，見てみたいと思います。

私法的な法律関係その1：親子の間

　それでは，まずは「私法」的な法律関係，具体的には，一般私人と一般私人の間の法律関係や，一般企業との法律関係などを，身の回りにどれだけ見出せるでしょうか，考えてみましょう。

　まずは，一日の始まりです。みなさん，朝起きてから何をしたのか覚えていますか？　起床した後，顔を洗い，歯を磨いて，朝食を食べたという人が多いのではないでしょうか。それでは，質問してみましょう。

　先生：「その朝食は，誰がつくったのですか？」
　学生：「えーっと，母親です」
　先生：「ふーん。それで，どうしてあなたのお母さんはあなたに朝食を作ってくれるのですか？」
　学生：「えっ！　うーんと，それは，子どもだからではないでしょうか」
　先生：「ふーん。それでは，なぜ，自分の子どもだとご飯を作ってくれるのですか？」
　学生：「……」

ご飯をつくってくれるのはなぜ？

　ここで見てほしいのが，民法820条です。これによると，「親権を行う者は，子の利益のために子の監護及び教育をする権利を有し，義務を負う」と定められています。そして，ここにいう「親権を行う者」については，民法818条1項に，「成年に達しない子は，父母の親権に服する」とありますので，通常はみなさんのお父さん・お母さんということになります。つまり，みなさんのお父さん・お母さんは，「親権者」であるが故に，みなさんの**監護をする義務**があるということになるわけです。すなわち，みなさんが未成年であることを前提にすると，お母さんが朝ごはんをつくってくれることは，親権者の子どもの監護の一環であって，法律上義務づけられているということになります。

家出すると連れ戻されるのはなぜ？

　なお，その周辺の条文を眺めてみると，また面白いことに気がつきます。例

えば，民法821条です。同条は，「子は，親権を行う者が指定した場所に，その居所を定めなければならない」と定めています。とすると，未成年のあなたが家出をした場合に，親が警察に捜索願を出したり，その結果としてあなたが見つけ出されて親元に連れ戻されたりするのは，法律上の定めによるものともいえるわけです。

すなわち，このような未成年の子どもに対する親の**居所指定権**は，子どもに対する**監護義務**を全うするための前提として親に与えられているものであり（居場所がわからないと監護義務を果たしたくてもできません），その義務を全うするために警察に捜索願を出して自分の管理下に連れ戻すことが認められているわけです。

ところが，これがすっかり成年になってしまった子どもですと，そのような親子間での権利義務関係は存在しないということになります。したがって，親の意に逆らって家を出たとしても，（犯罪に巻き込まれているといった疑いがある場合は別として）その子どもを本人の意に反して無理やり連れ戻すことはできないということになります。

ゲーム機を取り上げられるのはなぜ？

また，例えば，携帯型ゲーム機に熱中しすぎてしまった子どもから，これを親が取り上げるといったシーンは珍しくありませんが，その際，「自分のお小遣いで買ったのに，何の権利があってそんなことするんだ」といったことを，子どもが口走ることがあります。しかし，実は権利はあるのです。すなわち，民法822条は「親権を行う者は，第820条の規定による監護及び教育に必要な範囲内でその子を懲戒することができる」と定めており，一定の範囲での「**懲戒権**」を親に与えているのです（もちろん過度の体罰などは論外ですが）。

私法的な法律関係その２：電車に乗る

さて，民法820条に基づきお母さんがつくった朝食を食べたあなたは，大学へと出かけます。それでは，質問してみましょう。

先生：「あなたは大学までどうやって来るのですか？」

学生：「えーっと，電車に乗ってきます」
先生：「ふーん。ところで，あなたはどうして電車に乗せてもらえるのですか？」
学生：「えっ！　うーんと，それは定期券を持っているからです」
先生：「ふーん。ところで，定期券ってなに？」
学生：「！　……」

定期券ってなに？

　「定期券」とは「定期乗車券」の略称であり，鉄道やバスなどの公共交通機関において，通勤や通学のために特定の区間を繰り返し乗車する乗客を対象として，一定の期間を区切って発行される乗車券です。このような乗車券を乗客が購入することで，公共交通機関を運営する企業は収入を得，その代わりにその乗客は公共交通機関の利用サービスの提供を受けられることになっています。
　つまり，あなたとその企業の間で，「**公共交通機関の利用サービスの提供を目的とする契約**」が結ばれているから，あなたはその利用ができるわけです。

私法的な法律関係その３：コンビニで飲み物を買う

　同様のことは，コンビニエンスストアで，講義に出る前にお茶のペットボトルを買う時にも生じています。すなわち，あなたはそのコンビニエンスストアを運営する個人または企業との間で，「お茶のペットボトルの売買契約」を締結しているわけです。**売買契約**については，民法555条が，「売買は，当事者の一方がある財産権を相手方に移転することを約し，相手方がこれに対してその代金を支払うことを約することによって，その効力を生ずる」と定めています。すなわち，「当事者の一方」であるコンビニエンスストアの運営企業が，「ある財産権」である「お茶のペットボトル」を「相手方」たるあなたに「移転することを約し」，「相手方」たるあなたが「これに対してその代金を支払うことを約」しているわけですから，その売買契約は「その効力を生ずる」状態にあるわけです。

コンビニで契約？

　もっとも，こうしたコンビニエンスストアでの買い物に契約書が作成される

ことはもちろんなく，そのためお茶のペットボトルを買う過程で「契約を締結している」などとは夢にも思っていない人は多いでしょう。しかし，日本法上，「契約書」といった書面を用いなくても，口頭だけで契約は成立します。したがって，店員に「このお茶ください」と伝えた段階で売買契約の申し込みがなされ，「130円になります」と答えながら店員が商品をレジに通した段階で売買契約の承諾がなされています。そして，130円を支払った段階であなたの**代金支払義務**は全うされ，店員による商品の手渡しによって当該**商品の提供義務**も全うされたことになるわけです。その結果，あなたはお茶のペットボトルを手に入れ，お店側は130円を手に入れて，契約の目的は達成され，終了することになるわけです。ほんの20秒ほどのあいだで，契約の成立から終了までが行われているのです。

交換や返品

なお，さあ飲もうとした時に，あなたが思っていたお茶とは違っていたことに気がついた場合，交換や返品ができるかといった問題も生じるかもしれません。これについては，第**2**章で既に検討した民法95条が「意思表示は，法律行為の要素に錯誤があったときは，無効とする。ただし，表意者に重大な過失があったときは，表意者は，自らその無効を主張することができない」と定めています。あなたの思い違いが交換や返品を可能にするようなものなのかについても，法律上の定めがあるのです。

私法的な法律関係その4：講義に出る

その後，大学に来たあなたは，講義に出席します。それでは，質問してみましょう。

先生：「ところで，どうしてあなたは講義に出席できるの？」
学生：「うーんと，今までの話からすると，大学と私との間に契約があるからですね」

そうです。その結果，授業料という代金支払義務の対価として，講義に出席できる権利その他があなたに与えられているということになるわけです。

1 私人間における適用プロセス ● 89

> **あなたが未成年だったら**

　なお，朝に家を出てから，交通機関，お茶，講義というように，契約の効果として享受しているものを並べてきましたが，あなたが**未成年**であった場合には，契約の締結について一つだけ注意が必要なことがあります。それは，民法5条1項であり，「未成年者が法律行為をするには，その**法定代理人**の同意を得なければならない。ただし，単に権利を得，又は義務を免れる法律行為については，この限りでない」と定められています。未成年である限り，定期乗車券の購入や大学への入学手続においては，必ず法定代理人（通常は親）が同意していることを証するための署名欄があるはずです。このような署名が必要なのは，まさにこのためです。

　もっとも，お茶のペットボトルをコンビニエンスストアで買う場合には，そのような親の署名は必要ないですよね。このことについては，民法5条3項をみればわかります。すなわち，同項に「第1項の規定にかかわらず，法定代理人が目的を定めて処分を許した財産は，その目的の範囲内において，未成年者が自由に処分することができる。目的を定めないで処分を許した財産を処分するときも，同様とする」との定めがあるため，その範囲内であれば格別に法定代理人の同意はいらないわけです。

2　公的主体との間における適用プロセス

　それでは，「**公法**」的な関係についてはどうでしょうか。すなわち，**行政機関等の公的主体**とみなさんが関係するような場合についてです。

> **公法的な法律関係その1：運転免許**

　先生：「その隣の君，あなたは大学までどうやって来るの？」
　学生：「えーっと，僕はバスに乗ってきます」
　先生：「ふーん，バスを運転してきたの？」
　学生：「えっ，そんなわけないじゃないですか！　第一，僕はバスなんて運転できま

せんよ」
先生：「じゃあ，バスを運転している
　　　人はどうしてできるの？」
学生：「！　……」

　バスを運転する資格は何か，それはどのような法律で規律されているのでしょうか？

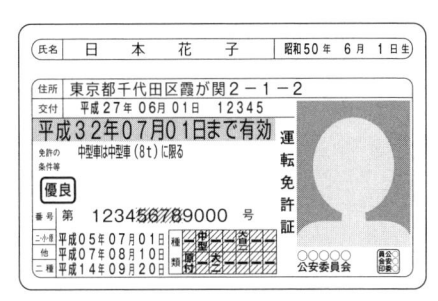

大型第二種免許

　バスを運転する資格は，いわゆる運転免許ですが，これは前にも扱った「**道路交通法**」なる法律により規律がなされています。すなわち，いわゆる自動車のドライバーは，「**公安委員会**」という公的機関の「**運転免許**」を受けなければなりません（同法84条）。そのうちバスのような大型の自動車については，「**大型免許**」を有していなければ運転することはできません（同法85条）。しかも，大型自動車のうち，バスのように旅客を運送することを目的とするものについては，「**第二種免許**」という特殊な運転免許を持っていなければなりません（同法86条）。したがって，あなたが毎日乗ってくるバスの運転手さんは，公安委員会から大型第二種免許を受けた特別な地位を有する人なのです。

公法的な法律関係その2：路線バスに関わる法律

　しかも，あなたが利用する路線バスについては，運転手さんが上記の免許を有しているというだけでは走れません。上記の道路交通法とは別に，「**道路運送法**」という法律が存在し（小さな「六法」には掲載されていませんので，同法が自分の「六法」に無いからといって慌てなくても大丈夫です），バスの運行事業の**許可**を**国土交通大臣**から取得しなければならないのです。すなわち，あなたが家から駅まで乗っているバスについては，少なくとも上記二つの法律の適用により，運行がなされているということになります。

　さらに，あなたの乗ったバスは，最高速度の制限を遵守しなければなりませんし（道路交通法22条），赤信号なら停まらなければいけません（同法7条）。交差点で右や左に曲がる時，あるいは，踏切を通過する時にも法律に従って注意を払わなくてはなりませんし（同法34条，33条），割り込みをしたり，急ブレ

ーキをかけたりする乱暴な運転をしてもいけません（同法32条，24条）。さらに，路線バスについては朝の一定の時間などに「優先通行帯」が確保されることがありますし（同法20条の2），バス停で乗客が乗降した後に発進する際に進路変更を妨げられないことも定められています（同法31条の2）。もしも，あなたの乗ったバスが駅に到着するまで間に適用される「法」を数え続けるとしたら，大学に着くまでに疲れ果ててしまうかもしれません。

公法的な法律関係その3：税金

その後，あなたは電車を乗り継いで，大学付近の駅から大学まで歩いてくることになります。その途中，上述のようにコンビニエンスストアでお茶のペットボトルを買うかもしれません。その際，実際の値段（「本体価格」と呼びます）が120円のペットボトル飲料を買ったとしても，支払う金額がそれ以上であることについては，みなさんも当然に御存知でしょう。すなわち，消費税相当分が本体価格に加算されているわけです。

この税金の支払も，公的主体とみなさんが関係する一つの場面であるといえるでしょう。**税金**については，憲法にも「国民は，法律の定めるところにより，納税の義務を負ふ」と定められています（憲法30条）。その上で，より具体的に，所得税は「**所得税法**」，法人税は「**法人税法**」，そして，消費税については「**消費税法**」といった法律によって規律がなされています。すなわち，消費税を支払わなければならない者が，そのように義務づけられているのは，かかる消費税法の存在によるのです（こちらも小さな「六法」には掲載されていませんので，同法が自分の「六法」に無いからといって慌てなくても大丈夫です）。

消費税を払うのは誰？

それでは，消費税を支払わなければならない者とは，だれなのでしょうか。この点，面白いことに，「消費者」が消費税を支払わなければならないとは，実は同法のどこにも書いていないのです。すなわち，同法は，「事業者」（上の例でいえば，コンビニエンスストアです）に対して国家に対する消費税の納税義務を課しているだけであり（同法5条），消費者に対しては直接に納税義務を課していないのです。ただ，もしも消費者が消費税分の金銭を代金に上乗せして支

払わなかったとすると，事業者はその分だけ自腹を切るはめになりかねません。したがって，通常はその分を消費者に転嫁する，すなわち，消費税分もあわせて消費者に対して請求し，その結果として消費税分の金銭は消費者の負担となっていることが多いといえます。逆にいえば，事実上の転嫁にすぎない以上，理屈としては，その分の支払を消費者が拒否することは不可能ではありません。ただ，その場合には，通常，そのような消費者に対して事業者は売らないでしょうから，よほどのお得意様でない限り，消費者が消費税相当分の支払を拒否することはできないでしょう。

公法的な法律関係その4：警察

また，私達が日常生活の中で目にする公的な主体の一つとして，警察官の存在を挙げることもできるでしょう。警察官は，「**警察法**」なる法律により規律される，「警察庁」，「警視庁」，「道府県警察」の職員であり（同法34条，55条。なお，刑事ドラマによく登場するこの三つの機関の関係については，興味のある方は自分で調べてみてください），「個人の生命，身体及び財産の保護」「犯罪の予防，鎮圧及び捜査，被疑者の逮捕，交通の取締その他公共の安全と秩序の維持」をその責務とする特殊な公務員です（同法2条）。したがって，街中ですれ違う警察官は，法律上定められているこれらの職務を遂行している最中であることが多いということになります。

職務質問

より具体的には，例えば，警察官が不審な人物に職務質問をしている場面があります。これは，「警察官職務執行法」という法律により，「異常な挙動その他周囲の事情から合理的に判断して何らかの犯罪を犯し，若しくは犯そうとしていると疑うに足りる相当な理由のある者」または「既に行われた犯罪について，若しくは犯罪が行われようとしていることについて知っていると認められる者」に対し，警察官に特別に与えられた「停止させて質問することができる」という権限です（同法2条）。

また，例えば，明らかに整備不良の自動車が走っているような場合に，警察官がこれを見つけて停止させるといったこともあります。これは，これまでに

も何度か出てきた「道路交通法」において警察官に認められた「当該車両を停止」させることができる権限の行使です（同法63条）。

他方，同じく自動車を停止させるような場合でも，付近で重大犯罪が行われたような場合には，その犯罪の捜査のための自動車の停止として，「刑事訴訟法」という法律により，警察官にそうした権限が与えられていると考えられています（同法197条）。

以上のように，私達が目にする身の回りの風景の中でも，様々な**公的主体**との様々な関係が**様々な法律上の根拠**に従って存在しているのです。

3 裁判における適用プロセス

裁判所ってどんなところ？

ところで，公的主体は，何も行政機関だけとは限りません。私達の日常の中で目にする可能性は低いですが，**裁判所**という主体も公的なそれとして存在しています。それでは，裁判所においては，どのように法が適用されているのでしょうか。

裁判所の存在を法的に根拠づけているものとして，既に憲法の条文は確認しました（76条以下）。しかし，これでは具体的に裁判所がどのように構成されているのかがよくわかりません。そのため，憲法の下，「**裁判所法**」なる法律が存在しており，わが国における裁判所のあり方について具体的に定めています。

しかし，この法律においては，最高裁判所以外の下級裁判所にどのような裁判所を具体的に置くか（2条），裁判所の職員としての裁判官はどのように任免されるかなど（39条以下），裁判所の構成についての定めはありますが，どのように裁判が行われるのかについての定めはありません。

裁判はどのように行われるのか

それでは，どのように**裁判**が行われるのかについては，どこに書かれている

94 ● CHAPTER 6 法の適用プロセス

のでしょうか。

　前述の通り，**民事裁判**については「**民事訴訟法**」という法律があり，民事事件に関する裁判の進め方が具体的に書かれています（他方，**刑事裁判**については「**刑事訴訟法**」という法律があり，刑事事件に関する裁判の進め方が具体的に書かれています）。そこで，この「民事訴訟法」という法律に基づいて，実際にどのように裁判が進むのか，ちょっとシミュレーションをしてみましょう。

賃貸マンションの敷金返還請求訴訟：訴えるまで

　実は私は，みなさんとはそれほど変わらない年齢の時に（ただし，既に成人でした），自分で民事訴訟を起こしてみたことがあります。その当時，私は妹と二人暮らしをしていたのですが，妹の就職にともない別々に住むことになったので，これまでに住んでいたマンションの**賃貸借契約**を解約することになりました。

　マンションの「賃貸借契約書」を見てみると，解約のためには一定期間の猶予をもって事前の通知が必要であるとされていました。そこで，それに従って大家（貸主にあたる方）に通知をしました。これに対し，貸主から格別の異論もなかったため，その後の手続は順調に進み，引越し，明渡しという段階にまで至りました。ところが，その段階になって，当該マンションを借りる際に差し入れていた「敷金」なるお金を返還しないと言い出したのです。

　「敷金」とは，賃料（家賃）の不払い等が起きた場合に賃料相当額をそこから差し引くなど，貸主の保護のために借主が差し入れる金銭です。ですから，もしも賃料不払いなどがなかった場合には，当然，全額返してもらえるはずです。実際，その金額は，マンションの賃料の３か月分にも及んでいたため，引っ越した後の生活のために当てにしていたお金でした。にもかかわらず，これを返さないと貸主は言い出したのです。

　　「それはおかしいです。訴えますよ！」
　　「訴えられるものなら，訴えてみろ！」

　そう言われたので，訴えることにしました。もっとも，せっかく「法学部」

3　裁判における適用プロセス　●95

で「法学」を学んだのだから，これを活かさない手はないと考えたことも事実でした。

どこの裁判所に行けばよいか

まずは具体的にどの裁判所に訴えるかです。

それでは，民事訴訟法を見てみましょう。すると，最初の方に「**管轄**」に関する規定があり，具体的に，「訴えは，被告の**普通裁判籍**の所在地を管轄する裁判所の管轄に属する」，「人の普通裁判籍は，住所」によるといった定めがあります（民訴法 4 条）。加えて本件マンション「賃貸借契約書」にも，「当該契約に争いが生じた場合には貸主の住所を管轄する裁判所の**管轄に合意**したものとする」といった条項が存在していたのですが，どうやらこの規定も有効なようです（民訴法 11 条）。

とすると，何とも面白くないことに，被告となる貸主の住む地の裁判所にまでこちらが出向かなくてはならないことになります。当時，私は東京都の 23 区内に住んでおり，貸主も同じく 23 区内だったのですが，実際にはかなり距離がありました。その上，本件で返還を求めている「敷金」の金額，すなわち，「訴訟の目的の価額」がそれほど高額ではなかったため，このままでは第 1 審裁判所は「地方裁判所」ではなく「簡易裁判所」ということになります（裁判所法 33 条）。そして，（現在は違いますが）当時，簡易裁判所は東京 23 区内において多数存在していたこともあって，貸主の住む地を管轄する簡易裁判所に出向くのは結構手間であるように感じられました。

そこで当時の私が考えたのが，慰謝料を追加的に請求することで，「訴訟の目的の価額」を表面的に高くして，その結果，「簡易裁判所」ではなく「地方裁判所」の管轄となる事件にしてしまうという作戦でした。これなら貸主の住む地の管轄裁判所は「東京地方裁判所」になり，当時の私の家からもそれほど遠くない場所になるわけです。

訴えの提起

というわけで，東京地方裁判所に訴えを起こすことになりました。民事訴訟法には「**訴えの提起**は，訴状を裁判所に提出してしなければならない」とあり，

訴状に記載すべき事項についても定めがあります（民訴法133条）。これらの規定に従った文書を作成し，証拠となるべき文書を添え，また，訴えの提起の際に必要な印紙や切手も裁判所のビルの地下の郵便局で購入し，訴状の受付窓口へと行きました。

ところが，私の場合，提出した瞬間，係官から当該訴状を突き返されてしまったのです。係官曰く，訴状中で頁が変わる部分に割印を押さねばならない，訴状はホッチキスで留められていなければならないが，証拠文書についてはクリップで留めなければならないとのことでした。そんなことは，法律のどこにも書いてなかったので，少々慌てはしました。しかし，そのようなこともあるかもしれないと，印鑑，ホッチキス，クリップなど全て用意して持参していたため，その場で修正して何とか受け取ってもらえました。

第1回期日

その後，しばらくしてから，裁判官を補佐する「**裁判所書記官**」から，第1回の「口頭弁論期日の指定」についての電話連絡を受けることとなりました。民事訴訟法上，確かに，「訴えの提起があったときは，裁判長は，口頭弁論の期日を指定し，当事者を呼び出さなければならない」との定めがあります（民訴法139条）。このような裁判所における「**口頭弁論**」に両当事者が出席して主張・立証を尽くすことで，裁判の手続が進んでいくわけですから，これは非常に大事な手続です。もっとも，その日が両当事者にとって不都合な日ということでは困るので，事前に書記官を通じて日程調整的なことが行われるというわけです。

そうした調整の末，指定された日時に，実際に東京地方裁判所に出向くことになりまし

民事法廷（イメージ）（写真提供：最高裁判所）

3 裁判における適用プロセス ● 97

た。当日は，決して遅れてはならないと，指定された時間の2時間も前に近隣まで行き，ドキドキしながら付近の喫茶店で訴状を改めてチェックしていたことをよく覚えています。その後，指定時間が迫ってきたので，東京地方裁判所の指定された法廷に向かいました。法廷に入ると，声に聞き覚えのある書記官が，出廷してきたことを示す書面への記録を求めてきました。見ると，既に，被告の欄に貸主の署名がなされています。さりげなく傍聴席に目を向けると，それらしき人物が既に座っていたので，慌ててその人から最も遠い位置に席を移して，自分の訴訟の順番を待つことにしました。

答弁書・反訴

ところが，その書面に署名をしたにもかかわらず，その書記官は立ち去らず，私にさらに別の書面を手渡してきました。見るとそこには「答弁書」との題名が付されています。なるほど，「口頭弁論は，書面で準備しなければ」ならず（民訴法161条），特に，最初の段階では，訴状に記載された内容に対する被告側の反論が記載された「答弁書」というものが必要となります（民事訴訟規則79条，80条）。それでは，どのような反論がなされているのか確認しようと読み始めると，驚いたことに，「詳細については反訴状の中で明らかにする」とあるではありませんか！

確かに，民事訴訟法は，「被告は，本訴の目的である請求又は防御の方法と関連する請求を目的とする場合に限り，口頭弁論の終結に至るまで，本訴の係属する裁判所に反訴を提起することができる」と定めています（民訴法146条）。そうです。被告である貸主は，この条文を使って私に対抗する形で，敷金で賄いきれなかった清算金と慰謝料を私に請求すると主張してきたのです。自分が原告であるのみならず，反訴被告にもなってしまったこと，すなわち，もしも負ければ多額の金額を支払わなければならないはめになったことに，背筋が凍る思いをしたことを覚えています。

本人訴訟，訴状・答弁書の陳述

そのうちに，私の訴えの順番が回ってきました。それまでに行われていた別の訴訟手続の進行の様子から，裁判官に向かって左側が原告の席であることが

確認できたので，そちらに着席しました。これに対し，被告である貸主は，弁護士らしき人をともなわずに，反対側の席に一人で座りました。そうです。どうやら被告も，**訴訟代理人**たる**弁護士**を付さない「**本人訴訟**」を選択したようです。確かに，慰謝料を除けばそれほど多額の金額の紛争ではない以上，弁護士を付けてしまうと割に合わないものになってしまうかもしれません。もっともそのことは，同様の理由もあって弁護士を付けていなかった私にとっては，少しだけ明るい材料でもありました。

加えて，裁判官が開口一番，被告が答弁書とともに書記官に手渡していた「**反訴状**」について，「法廷の場では受け取れない」と述べ，突き返したことも，私にとっては心強いものでした。確かに，「**反訴**については，訴えに関する規定による」とある以上（民訴法146条），私が訴状を提出したのと同様の方法で裁判所に提出しなければならないはずです。

その後，①敷金と慰謝料の合計額と**遅延利息**を支払うこと，②訴訟費用を被告の負担とすることを内容とする私の訴状の「**請求の趣旨**」，そして，それを裏付ける「**請求の原因**」の記載について裁判官から確認がなされ，私はそれに同意する旨を述べました。他方，被告に対しても，答弁書に書かれているように，「請求の趣旨」については，①**請求の棄却**，②訴訟費用を原告の負担とすることを求め，「請求の原因」についても私の主張の大半を**否認**する内容でよいかにつき，裁判官から確認がなされ，被告もそれに同意する旨を述べました。

その上で，その後に裁判官がどのように手続を進行させるのか身構えていると，裁判官が，「本日の期日としてはこれで終了します」と述べるではありませんか。そうです。第1回期日は，実に10分に満たずに終了してしまったのです。正直，拍子抜けする思いがしたことを覚えています。

他方で，裁判官はさらに続けて，「いろいろと整理をしたいので，次回の期日は法廷ではなく，書記官室でやりましょう」とも述べ，両当事者に同意を求めてきました。もちろん，断る理由はありませんので双方とも同意しましたが，どうして法廷以外で手続を行おうとするのか，その時には若干困惑したことも覚えています。

第2回期日・弁論準備手続

 1か月後,第2回期日の日となりました。場所は書記官室。オフィスの中にある応接スペースのような場所であり,堅苦しさは感じられません。しかし,四角いテーブルを挟む形で,1メートルにも満たない距離で被告と対峙させられたため,裁判官が来るまでの間,しばらく非常に気まずい思いがしていたことを覚えています。加えて,前回に提出することができなかった「反訴状」を,被告が正式に提出したらしく,書記官から手渡された「反訴状」の内容を確認するうちに,さらに緊張感が増してきました。
 ところが,その後に裁判官が現れると,その緊張感は幾分か解けてくれました。黒い法服ではなくビジネススーツで現れた裁判官は,「まずは,事実関係の確認をさせてください」と,法廷とは異なる柔和な口調で両当事者に語りかけ,**事実関係**について様々な質問を始めました。その和やかな口ぶりに,自由に思うところを述べることができるようになっていきました。
 その後,一通り両当事者から事実関係の聴取をした上で,裁判官は,「私は,この事件のポイントは二つであると思っています」と切り出しました。すなわち,①部屋の清掃費用・修繕費用として相当な額はいくらか,②賃貸借契約書の中にあった「期間途中に解約がなされた場合には敷金の3割を貸主が取得できる」旨の条項の有効性,この二つが真の争いのポイントであり,慰謝料請求を含めたその他の事情についてはまったく問題にされないことが,裁判官により示されたわけです。そしてその上で,被告に対しては,①について,部屋を新品同様にして返却するまでの義務が借主(原告)にはないことを前提に,主張する清掃費用・修繕費用の金額が相当と評価できるだけの主張・立証を次回期日までにするように求められました。他方,私に対しては,②について,そのような条項を含む契約書に一旦は署名したにもかかわらず,その条項が有効でないというのであれば,その理由につき主張立証することを次回期日までに求められました。
 今から考えると,この日の手続は,現在の民事訴訟法における「争点及び証拠の整理を行うため」の「**弁論準備手続**」に相当する手続であったと思われます(民訴法168条)。そのおかげで,訴訟の見通しがある程度立つようになり,

自分が主張・立証に注力すべき争点も整理されたと感じられました。

第3回期日

　さらに1か月後，第3回期日は，今度も書記官室で行われました。その時に至るまで，反訴状に対する私の答弁書の送付は済ませており，そこには当然ながら，貸主側の請求の棄却，訴訟費用は貸主側の負担とする旨を記載しました。

　他方で，前回の期日において私に対して求められたこと，すなわち，「賃貸借契約書」の中にあった「期間途中に解約がなされた場合には敷金の3割を貸主が取得できる」旨の条項を，（この条項を含む契約書に一旦は署名したにもかかわらず）有効ではないと主張するための理由については，苦心させられました。少し無理な論理展開であると自分でも認識せざるをえない「陳述書」を作成し，若干の証拠を付してはみましたが，逆に，自分の主張の根拠の薄弱さを思い知らされる結果となり，正直に言って，敷金の3割については，同条項の存在によって，諦めざるをえないような気持になっていました。

　他方，裁判官の着席後，始まった手続においては，もっぱら被告側の提出した「陳述書」において展開されていた主張，すなわち，貸主側が費やした清掃費用・修繕費用については全て無条件に借主側に請求できるはずであるという主張に対して，明渡しに際し，賃貸借契約が始まる前の新品の状態にまで戻す義務は存在しないことを主な理由に，裁判官自身が反論していくような形で進められました。もっとも，当方の3割償却条項に関する主張についても，これを積極的に擁護するような質問や説明は裁判官からなされなかったため，その結果，どうやら裁判官の心証は，敷金の3割については同条項の存在により返却の必要はないが，残りの7割については返却を求める私の請求を認めるといったものであるように感じられるに至りました。

　その上で最後に，裁判官は，「既に判決が書けるまでに資料は揃ったが，念のためにもう一度，今度は法廷で第4回期日を開きたいが，どうか？」と提案してきました。早期の手続の終結を望んでいた私としては，一瞬躊躇しましたが，被告側が瞬時に同意したため，同意せざるをえない雰囲気になり，私も同意する旨を述べました。

第4回期日・和解の勧試

さらに1か月後の第4回期日は，東京地方裁判所の法廷で開催されました。今度は，私，そして，被告である貸主が証言台に立たされ，裁判官から**当事者尋問**がなされました（民訴法207条）。具体的には，明渡しの経緯を確認するだけの質問にすぎませんでしたが，**宣誓**をした上，法廷の証言台に立たされてのやりとりであったため，終わった後にぐったりとしてしまうほど，緊張したことを覚えています。

その後，裁判官により，「これで判決が書けるだけの資料は揃ったため，手続は終結する」旨が述べられましたが，驚いたことに，その後にすぐ，「最後に和解勧告をしたい」との言葉が続けられました。そして，その裁判官の**和解勧告**の内容は，「敷金の7割を私に返還するということで和解し，双方とも訴えを取り下げる」というものでありました。内容的にも，判決が下されるとしたらこのような内容であろうと思っていたものであり，しかも，法廷が持つ厳かな雰囲気の中，黒い法服を纏った威厳ある裁判官からの言葉ということもあって，結局，私も被告もすかさず「同意します」と述べてしまいました。

後から調べてみると，裁判官が訴訟手続の中で和解を勧めることは珍しくないのですが（民訴法89条），本件のように，判決を出せるだけの最後の最後のタイミングで，しかも，法廷で両当事者同席のままに告げられることは，極めて稀であるようです。これは，訴訟代理人たる弁護士に任される形で手続が進む多くの事件とは異なり，本件が「本人訴訟」であったという特殊性によるものかもしれません。それまでに裁判官の心証は十分に開示されていましたから，その段階で判決の内容は両当事者がほとんど予想できるだけの状態になっており，そこに厳粛な法廷の雰囲気を加えることによって，両当事者が裁判官の和解の勧めをすかさず受け入れる素地を作り出す。本件に関しては，そのような裁判官の作戦があり，今思えば，私も被告もその作戦に乗せられてしまったように思えてなりません。

民事訴訟手続の進行

私がみなさんとそれほど年齢が違わない時に経験した民事訴訟は，以上のよ

うに推移し，結果，判決が下されるまでに至りませんでしたが，裁判手続一般としては，**法律の定める要件を充足するだけの事実**があるか否かがしっかりと認定され，**請求を認容**するか，それとも**棄却**するか，最終的には**判決**によって結論が下されることになります。

私が経験した以上の手続は「本人訴訟」であったが故の特殊性もありますし，また，実質的には**少額紛争**であるため，争点が限られており，当事者以外に証人はおらず，証拠も限られたものでありました。しかし，裁判手続一般としては，様々な争点が錯綜し，多くの証人を尋問し，多くの証拠を吟味せざるをえないものが少なくはありません。

その意味で，私が経験した以上の手続については，あくまで裁判所における手続のイメージを持つためのきっかけの一つとして捉えてください。そして，裁判所における手続の様々な現実については，「裁判所法」や「民事訴訟法」といった講義の中で，今後，是非，しっかりと勉強してもらえればと思います。

Column ⓱　弁護士になってからの印象的な事件

　先に述べたように，私の専門的な研究分野は「国際私法」，「国際取引法」と呼ばれる分野であり，それと同時に，弁護士としての私の仕事も，日本企業と外国企業の間での国際契約の締結，あるいは，そのような企業間で国際的に紛争が発生した場合の解決手続といったビジネス事案が中心になっています。

　しかし，「印象的であった事件は何か？」と聞かれるとしたら，そのほとんどは国選弁護人などを務めた刑事事件であるということになってしまいます。以下では，その一つを紹介してみます。

　まだ二十歳をすぎたばかりの男性。大学で教えている学生達と年齢はほとんど変わらない。しかし，未成年であった時，窃盗や強盗致傷で少年鑑別所や少年院を何度も行き来している。そして，ついに成年になってから犯した窃盗で逮捕される。だが，その内容は，横浜から池袋まで歩いているうちに疲れ果て，付近のマンションの駐輪場で鍵がかかっていない自転車を盗んで乗っていたというものにすぎなかった。話を聞けば，横浜の自宅から家出をして，池袋の知り合いを訪ねようとしたとのこと。無一文なので電車にも乗れず，夜通し歩いていた。その行動は，これまでの補導歴とまったく一緒であり，これまでの窃盗は空腹のあまりのコンビニでのパンの万引き，強盗致傷は見つかった際に店員をひきずって逃

げたことによるものであった。

　では，なぜ彼は逃げるのか。実は彼は，生まれた時に親に捨てられていて，中学卒業まで児童養護施設等で育っていた。人間関係の形成がうまくできず，施設を出た後，就いた仕事で長続きするものはなかった。実の父親を探し出して会いに行った時には，挨拶をした瞬間にガラスの灰皿で殴られた。その後，父親のように親身になってくれる人に出会ったが，養子縁組を結ばされ，言われるがまま複数の消費者金融で借金をさせられた後，その全てのお金を持ってその人は失踪した。そうした中，いつしか，辛くなると一人で逃げ出してしまう習性が身についてしまったという。現在，子どもができたことをきっかけに結婚した女性と夫婦となり，面倒見のいい義理の父母と新たな養子縁組も結んでもらったが，結局，いろいろと気まずくなり，全てを捨てて一人で逃げ出したという。向かったのは，何かの折に親切にしてくれた右翼団体の幹部のところ。その途中で，今回の逮捕となった。

　何度も小菅の東京拘置所を訪ねたが，そのうち，私以外の，大量の差し入れをする者の存在に気づく。聞けば，拘置所で同室であった暴力団幹部が手配をしているとのこと。「あとでいいように使おうと思って，今，甘い顔をしているだけだぞ」。忠告しても，彼は，「じゃあ，俺にどこかほかに居場所があるというんですか」とくってかかってくる。でもそのうち，義理の父母とも連絡がつき，さらに，頑なに会うのを拒んでいた奥さんが赤ちゃんを連れて公判に現れると，彼は泣き崩れながら，裁判官の面前で再起を誓った。その甲斐もあり，執行猶予が付いて，自由の身となった。これからは，子どものために，辛いことがあっても頑張るという。笑顔での別れ。

　しかし，1か月後，シカゴでの弁護士会のパーティーの中，私の携帯電話が鳴る。「また逃げました」。力なく私に伝える義理の父親。輝く数々のシャンデリアの下，シャンパングラスと喧噪の中で，私は自分の無力さにひたすら立ち尽くしていた。

QUESTION

□ 1 今日一日を自分なりに振り返り，その中でどのような法律関係が発生していたのか，自分なりにイメージし，調べてみましょう。

□ 2 だれでも裁判を傍聴することが可能です。一度は，裁判所まで傍聴に行ってみましょう。

104 ● CHAPTER 6　法の適用プロセス

第7章 身近なニュースの法学的分析

　この章では，これまで説明してきた「論理的にものごとを考え，分析していく力」，さらには，それをもとに「他者と議論をする力」を養うために，身近なニュースを検討していきたいと思います。

　まずは，以下に掲げる新聞記事を読んでみましょう。その上で，扱われている問題についてどのような意見が対立しているのか，分析してみましょう。その際には，対立の背景にある理由もきちんと示せるように心がけてください。また，可能であれば，新聞記事に断片的に記載されていることを手掛かりに，新聞記事に直接的には表れていない意見の対立についても，気がつくように心がけてみてください。そしてさらに，そうした自らの分析結果を周りのみんなと突き合わせて，どのような対立点がいくつ存在しており，それが相互にどのように組み合わさって，具体的な意見としてそれぞれ発現しているのか，議論を通じてさらに検討をしてみましょう。

1 沖縄の基地問題

沖縄県基地問題の背景

　第一の新聞記事は，沖縄の基地問題に関するものです。みなさんもご存知のように，日本の中には，日本の自衛隊の基地が各地に存在していますが（自衛隊の憲法上の位置づけについては様々に議論がありますが，ここではそれはひとまず措いておきましょう），他方で，外国である米国の軍事基地も所在しています。そして，そうした米軍基地が集中しているのが，**沖縄県**です。

　第二次世界大戦が終了した後，日本は一時的に連合国による占領統治を受けていましたが，1951年の「サンフランシスコ平和条約」によって**主権**を回復しました。しかし，他方で，同時に締結された「**日米安全保障条約**」等の日米間の条約・協定の存在により，主権国家となったにもかかわらず，米軍については日本への駐留を依然として認め続けました（現在もその状況は変わっていません）。

　なおかつ，沖縄については，「サンフランシスコ平和条約」においても例外とされ，1951年以降も依然として米国による占領統治がなされ，1972年の返還までそれは続きました。こうした歴史が，現在の在日米軍基地の沖縄への集中の背景にあります。

　こうした背景事情を前提に，以下の記事を読み，どのような問題についてどのように意見が対立し，その理由が何なのか，分析してみてください。

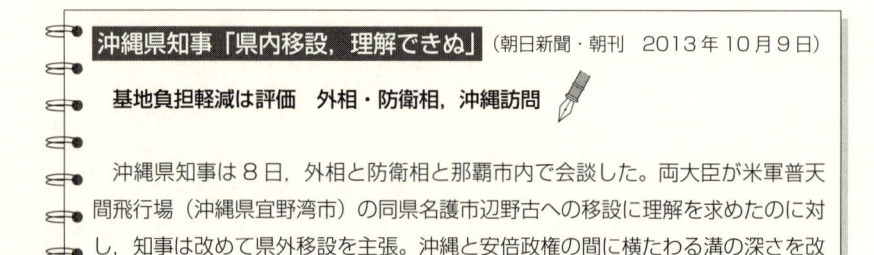

沖縄県知事「県内移設，理解できぬ」（朝日新聞・朝刊　2013年10月9日）

基地負担軽減は評価　外相・防衛相，沖縄訪問

　沖縄県知事は8日，外相と防衛相と那覇市内で会談した。両大臣が米軍普天間飛行場（沖縄県宜野湾市）の同県名護市辺野古への移設に理解を求めたのに対し，知事は改めて県外移設を主張。沖縄と安倍政権の間に横たわる溝の深さを改

めて印象づけた。
　安倍政権発足後，外務，防衛の両大臣がそろって知事と沖縄で会談するのは初めて。政権側は，辺野古移設を普天間飛行場の固定化を避ける「唯一の解決策」とし，代替施設を建設するために海面を埋め立てる申請を知事にしている。
　政権側は知事から年内に承認を得たいと考えている。辺野古がある名護市で来年1月19日投開票の市長選があるためだ。防衛省幹部は「市長選までに知事承認を得なければ辺野古移設は難しくなる」と語る。
　両大臣がこの日，知事に米海兵隊の新型輸送機オスプレイの訓練時間削減など沖縄の負担軽減策をアピールしたのも，こうした思惑が背景にある。
　この日，政府が発表した日米地位協定の運用見直しも，沖縄への「お土産」の一つ。在日米軍人が刑事事件を起こした場合，裁判や処分の結果を被害者側に通知する内容だ。こうした負担軽減策を知事は「基地問題の改善に頑張っていただいている」と評価した。
　しかし，肝心の普天間基地の辺野古移設については双方の隔たりが改めて浮かび上がった。日米外務・防衛担当閣僚会合の共同文書で辺野古移設を「唯一の解決策」としたことについて，知事は「全く理解できかねるというのが正直な気持ちだ」と強く反論。副知事も，政権側が示した負担軽減策について「埋め立ての判断材料になるということではない」と牽制（けんせい）している。

登場人物を確認してみよう

　まず，この記事に出てくる**登場人物**はだれなのか，確認してみましょう。第一に，記事の見出しにも登場していますが，当時の沖縄県の県知事です（副知事も同様に登場しています）。第二に，政府関係者であり，外務大臣，防衛大臣，防衛省幹部などです（安倍首相の名前も出ています）。第三に，見落としてしまいそうになりますが，米国の「外務・防衛担当閣僚」も，記事の中に登場しています。

それぞれの意見を整理してみよう

　では，それぞれの登場人物は，どのような意見を有しているのでしょうか。まず，第一の沖縄県の関係者は，沖縄県の中にある「米軍普天間飛行場」を維持することはもちろん，これを沖縄県の中にある「辺野古」という地に移すことも認められないと主張しています。ところが，第二の政府関係者は，辺野古

1　沖縄の基地問題　●　107

移設が「唯一の解決策」であるとして，代替施設建設のための海面を埋め立てる申請を沖縄県知事にしようとしているわけです。すなわち，ここでは，「普天間」から「辺野古」に基地を移設するか否かという問題につき**意見が対立**しているわけであり，これを認めず沖縄県外に移設すべきであると主張する前者と，沖縄県内での移設にとどめようとする後者という形になっているわけです。なお，第三の米国サイドについては，第二の政府関係者と同じ立場にたっており，日本の政府との間で「共同文書」さえ作成しているようです。

▍沖縄県側の意見の理由 ▍

それぞれの意見の背景には，どのような事情があるのでしょうか。まずは，沖縄県側の背景から探ってみましょう。

記事の中に「沖縄の負担軽減」というキーワードが出てくることでもわかるように，この記事の背景には，上述したような沖縄県における米軍基地の集中という問題があります。それでは，これがなぜ「負担」なのかといえば，やはり記事の中に「米海兵隊の新型輸送機オスプレイの訓練時間」というキーワードが出てきたり，あるいは，「在日米軍人が刑事事件を起こした場合」という話が出てきたりすることでもわかるように，沖縄県にとって米軍基地が存在することは，軍用機の飛行による騒音や墜落の危険性という問題，さらには，在日米軍人による犯罪という問題に悩まされる可能性があることを意味するからです。とすれば，その県内における存続，あるいは，県内での移設に対して地域住民が反対し，その代表者である県知事・副知事が反対するのは当然であるといえましょう。

▍政府側の意見の理由 ▍

では，政府側はどうか。なぜ政府側は県内移設に固執するのでしょうか？

それは，沖縄県外に持っていきたくても，上記のような「負担」がともなう米軍基地という施設を積極的に受け入れようとする他の都道府県や市町村が存在しないからです。とすると，この記事を考察するにあたっては，記事の中では直接には言及されていない沖縄県以外の地域住民やその代表といった登場人物の存在を，実は，無視することができないということになります。そして，

その人々が「それなら私達が受け入れましょう」と絶対に言わないので、政府側は沖縄県内での移設にこだわらざるをえなくなるのです。

ところで、その際、「普天間」の維持ではなく、「辺野古」への移設であるのはなぜなのでしょうか。その理由の一つには、「普天間」の周辺地域に多くの住民が暮らしているのに対し、「辺野古」地域は居住する住民が少なく、しかも、海上に飛行場施設を建設することになるため、相対的に「負担」が少なくなるであろうとの考慮があります。そうであるならば、沖縄県の「普天間」周辺の住民は、少なくとも反対はしないであろうと踏んだのかもしれませんが、実際には、上述した歴史的な背景もあって、「そもそも、なぜいつまでも沖縄だけが犠牲にならなくてはならないのか」という怒りの下、反対運動は根強く、そうである以上、県知事・副知事も容易に首を縦に振れない状況に置かれてしまっています。

沖縄県民は一枚岩？

もっとも、ここで気がつく人がいるかもしれません。それは、本当に全ての沖縄県の住民が「普天間」からの移設、さらには、沖縄県外への移設を主張しているのかということです。すなわち、米軍基地の存在は、その周辺地域において、飲食店を中心に一つの大きな産業を生み出しています。雇用も創出しています。そうした恩恵にあずかっている人からすれば、基地の移設は産業の消滅・雇用の喪失につながりかねない問題となります。そして、そのような人々の存在を考えあわせると、本当に沖縄県の人々は基地の外部への移設に一枚岩となっているのか、一部の人々については上述の歴史的事情から本音を言い難い環境にあるだけではないかという疑念も生じてきます（もちろん、そうであったとしても、真に反対している沖縄県の人々が多数存在していることに間違いはありません）。

その他の「辺野古」移設反対意見

また、ここではもう一つ考慮しなくてはならないことがあります。それは、「辺野古」への移設に反対している人々についてです。すなわち、「普天間」に比べて居住している周辺住民が相対的に少ないことが「辺野古」が移設先候補

1 沖縄の基地問題 ● 109

となった理由の一つでもあるのですが，そのことは，逆に考えれば，自然環境が豊かに残っていることを意味するわけです。しかも，「埋め立て」られる海には美しいサンゴ礁があるようです。とすると，自然環境の保護を重要視する人々から，そのことを理由に「辺野古」への移設を反対の声もあがるということになります。

なお，そのような見地から「辺野古」への移設につき反対を唱えていた政治家の中には，その人が本当に自然環境のことを考えてそう唱えているのか，それとも，「辺野古」への移設を進めたい現政権と政権を争う立場にいるため，その政策を批判するべく，そうした主張に便乗しているだけなのか，疑わしい人もいたように思えてなりません。

いっそのこと……？

ところで，沖縄県の住民も嫌がっており，沖縄県以外の住民も嫌がっているのであれば，いっそのこと日本に米軍基地を置くことをやめてしまえばよいのではないかという意見も出そうな気がしてきます。実際，上述した日米安全保障条約の締結や更新の際には，そうした意見を持つ人々は少なくはなく，日本国中でデモが起きたりしたこともありました。

しかし，いざそうなると，万一の際に日本国をだれが守るのかという問題が今度は浮上してきます。そしてさらに，この問題については，どのような有事になっても日本は戦うべきではないという主張がある一方で，有事に備えて米軍に頼らずに済むだけの防衛力を自国で備えるべきであるとする主張も他方で存在しているのです。ただ，多くの人々は，どちらの立場にもくみすることができず，しかし，自分の町に米軍基地が来ることは嫌だと思い，現在の沖縄県の状況を見て見ぬふりをしているのではないでしょうか。

米国の意見の理由は？

なお，最初の分類における第三の登場人物，すなわち，米国側が「辺野古」移設にこだわるのは，そのことが国と国との間で既に約束した事項であるという点が大きいようです。既に国レベルで約束したはずなのに，地域住民が反対したからといって，その約束が簡単に反故(ほご)にされるということでは困るという

点が重視されているようであり，日本政府と同じく「辺野古」移設にこだわっているとしても，その理由はまた微妙に異なっているようです（もちろん，米国の世界的な軍事戦略の観点から，沖縄県における基地の存在意義を考慮して態度を決めている面もあるでしょう）。

まとめ

　以上，新聞記事を手掛かりに，この問題における様々な対立点とそれぞれの意見・理由について考察してみました。みなさんは，どこまで辿りつけたでしょうか。もちろん，これら以外の考慮要素もあるかもしれません。さらに考察を進めてみてください。

　また，このように分析を進める過程で，みなさんの中には，第 **2** 章で扱った設例の分析，すなわち，複数の登場人物がそれぞれ様々な事情をかかえて事件・事故に巻き込まれているという設例を検討した際の経験を思い出した人もいるかもしれません。そうなのです。複雑に絡み合ってしまい，外からはうまく対立点を整理しきれないような問題であったとしても，一つ一つ**論理的**にひも解いていけば，必ず，**整理された形で全体像**を浮かび上がらせることができます。そうした分析の能力は，「法学」を学ぶ過程で次第に育成されるものでもありますし，他方，先ほどの記事のような複雑に利益や主義主張が絡み合う問題の分析を繰り返し試みる中で，「法学」の修得に必要な能力を磨いていくことも可能なものなのです。

2　オリンピック招致と原発事故

　それでは，もう一つ，新聞記事を見てみましょう。2013 年 9 月に 2020 年のオリンピック・パラリンピックが東京で開催されることが決まりましたが，その際における首相の発言とそれをめぐる様々な意見についての新聞記事です。どのような問題についてどのように意見が対立し，その理由が何なのか，分析してみてください。

汚染水不安, 振り切る　安倍首相「制御できている」「私の責任で解決」五輪招致巡り

福島第一原発事故の海への主な影響（朝日新聞・朝刊　2013年9月10日）

　「状況はコントロールされている」。安倍晋三首相は日本最大の不安要因とされた東京電力福島第一原発の汚染水問題について，国際オリンピック委員会（IOC）の総会で言い切った。東京五輪招致の決め手の一つとされた首相の言葉は果たして本当なのか。

　ロシアからアルゼンチンへ，主要20カ国・地域（G20）首脳会議を途中で切り上げ，国際オリンピック委員会（IOC）総会に向かう機中で，首相は迷っていた。同行筋は「最大のリスクは原発の汚染水漏れだ。海外では国内より過敏に報じられている」と不安を漏らしていた。

　ブエノスアイレス入りした首相は，30～40人のIOC委員と相次いで面会した。東京開催に前向きな委員数人には，招致演説で汚染水問題をどう説明するべきか相談した。委員からは「時間の短いプレゼンテーションでは五輪精神について触れた方がいい」「質問に詳しく答える方がいい」と助言された。

　これらを踏まえ，首相は同行した官房副長官や秘書官ら少数で議論。その結果，「言い訳がましくなるのを避ける」（首相周辺）ため，演説では「状況はコントロールされており，東京にダメージは与えない」とだけ訴え，質問を受けて詳しく説明することにした。政権幹部は「2段階作戦だ」と語った。

　総会では，想定通り汚染水の質問が飛んだ。首相は準備した通り，数値を挙げながら日本語で答え，こう締めくくった。「抜本解決に向けたプログラムを私の責任で実行していく」

　会場から拍手も出た総会後，首相は「問題に対するお答えはできた。懸念は完全に払拭（ふっしょく）できた」と胸を張った。

■東電「遮断，完全でない」

　福島第一原発の港湾の外では最近，多くの場所で海水から放射性セシウムは検出されていない。しかし，事故直後の2011年4，5月に超高濃度の汚染水が外洋に流れ出た。海流にのって広がり，薄められたと考えられる。流れ出た後，東電は1～4号機の取水口と港湾内の海中にシルトフェンスと呼ばれる幕を垂らして放射性物質が外に漏れるのを防いでいる。しかし，東電は「完全に遮断できているわけではない」という。

政府によると，福島第一原発の港湾内には今も１日 300 トンの汚染水が流れ込んでいる。８月 19 日に港湾の入り口で採取した海水から１リットルあたり 68 ベクレルのトリチウムを検出した。港湾内の放射性物質が港湾の外に広がっている可能性がある。

　また，高濃度の汚染水をためていたタンクから 300 トンが漏れた事故では，近くの排水溝を通ってそのまま外洋に流れ出した可能性もある。

　原発 20 キロ圏内の魚類の調査では放射性セシウムの値は下がっている。しかし，７月に採取したババガレイなどからは摂取基準値を超える値が検出されている。事故直後に漏れた放射性物質が海底にたまっているためとみられる。

■憤る福島の漁師「言葉通りやってくれ」

　「ふざけんじゃない。原発をコントロールできないから，汚染水にこんなに苦しんでいるんじゃないか」。福島県相馬市の漁業Ａさん（54）は憤る。

　相馬双葉漁協に所属する小型漁船の船主。汚染水漏れの影響で，漁協は９月に予定していた試験操業再開を延期している。

　Ａさんは仲間と海底のがれきを網で回収する日々。五輪の東京開催は歓迎するが，首相発言は別だ。「『完全にブロックされている』なんて現場を知らないから言える。国外では安全と言いながら，我々には言わない。安倍さんは自分の言葉に責任持てんのか。だったら言葉通りやってくれ」

　飯舘村から相馬市に避難する農業Ｂさん（69）も，首相発言に疑問を抱く。「除染も国が責任を持ってやると言ったのに全然進んでいない」。当初計画では来年３月までに終わるはずだったが，村の住宅で終わったのは 2%。「福島は置き去りか。開催は喜ばしいが，まだ五輪どころじゃない」

　福島県知事は９日，「安倍総理が，政府が責任をもって安全にするという国際公約をした。しっかりと守って欲しい」と釘を刺した。

| 登場人物の確認 |

　ここでも，この記事に出てくる**登場人物**はだれなのか，まずは確認してみましょう。第一に，記事の見出しにも登場していますが，日本国の総理大臣である安倍首相，すなわち，日本国政府の関係者です（官房副長官や秘書官も同様に

登場しています)。第二に，オリンピックの開催地を決定する権限を有する国際オリンピック委員会の委員です。第三に，記事の中では「東電」と略されている東京電力の関係者です。そして第四に，震災と津波により事故を起こした東京電力福島第一原発のある福島県の方々です。もっとも，その中には，一般の人々もいれば，福島県の県知事もいます。

政府関係者の意見

さて，それぞれの登場人物は，どのような**意見**を有しているのでしょうか。まず，第一の政府関係者は，「状況はコントロールされている」という安倍首相の発言に代表されるように，福島第一原発の事故による影響は現時点では心配されるほどには大きくなく，制御可能なものであると述べています。これは，もちろん，このような発言を行っている場が，オリンピックの開催地の最終決定の場であるということを意識した発言です。このとき諸外国からは，放射能漏れを起こしているにもかかわらず，そのような国で本当にオリンピックの開催を安全に行うことができるのか，懸念する声が寄せられていました。その際に，もしも首相が「状況はコントロールされていない」と説明したとしたら，およそ東京でのオリンピックは開催できなかったでしょう。とするとこの発言の背後には，オリンピック招致のために努力していた，東京2020オリンピック・パラリンピック招致委員会のメンバーや関係者の強い意向，さらには，東京での2020年のオリンピック開催を期待する少なからぬ市民の意向が反映されていたといえるでしょう。

「状況はコントロールされている」と言ったわけ

もっとも，仮にオリンピック招致という場面でなかったとしても，政府関係者としては，「状況はコントロールされていない」と言うことは決してできないかもしれません。政府の存在意義の一つが人々の社会生活を安定させることにある以上，人々をいたずらに不安がらせるような発言をすることは，通常，ありえないことだからです。しかし，このことは逆に言えば，政府関係者以外の人々の中には，日常生活の場面では汚染水の問題を不安に思い，その思いを日常的に吐露してはいるが，他方でオリンピック東京招致を実現させたいが故

に，その不安を抑え込んで，首相のこういった発言を（少なくともその時点では）支持する，あるいは，少なくとも仕方がないことと思っている人々がいるということになります。

　他方で，オリンピック招致を可能であれば実現したいが，汚染水の問題について「『状況はコントロールされている』とまで言うことには反対」という人々もいるでしょう。また，そもそもオリンピックの開催など迷惑だと考えている人もおり，その人たちにすれば，「状況はコントロールされている」といった発言をしてまで招致を実現しようとするなど，言語道断ということになるでしょう。

国際オリンピック委員会の意見

　それでは，第二の国際オリンピック委員会の委員たちはどうでしょうか。国際オリンピック委員会の役目は，オリンピックを成功させることですから，その観点から福島第一原発の汚染水の問題や放射能漏れの問題を心配することは当然のことです。そして，そのような心配があったにもかかわらず，記事にあるような首相の一言が一因となって東京でのオリンピックの開催が決まったわけですから，その発言は説得的なものであったといえるのかもしれません。もっとも，首相の一言だけで安全性につき信じてしまうのでは，あまりにも単純すぎると感じてしまう人もいるかもしれません。

その他の勝因

　他方で，国際オリンピック委員会の委員の多くが東京に票を投じた理由については，日本の首相の発言を信頼したからではなく，他の候補地にそれ以上の問題があったからだとの指摘もあります。この時点で東京と開催候補地を競い合っていたのは，トルコのイスタンブールとスペインのマドリードであり，前者は「（国としても）初めての開催」「アジアとヨーロッパにまたがる形での開催」「イスラム圏初の開催」という点で注目を集めており，他方，後者は「初めての開催」「3回目の挑戦」「コンパクトで経済的な運営計画」といった点をアピールしていました。

　しかし，結果的に，前者については，決定の直前の頃に大規模な反政府デモ

が起きたり，近隣のシリアで内戦が泥沼化したりというように，治安面での不安が顕在化していました。加えて，2016年に開催が決まっているブラジルのリオデジャネイロにおいて準備状況が遅々として進まず関係者が憔悴しているという事実があり，途上国での開催ということ自体が問題視された面もありました。

他方，後者については，スペインの財政破綻や失業率の上昇が深刻であり，オリンピックを開催している場合なのかという疑念が寄せられていました。もっとも，この点を逆手にとって，オリンピック招致による景気浮揚効果がスペインには必要であると訴えることで，（スペインを含む）いくつかの加盟国の財政破綻問題に悩むEU諸国の支持を逆にとりつけるという作戦も考えられたようですが，結果的には成功しなかったようです。さらに，ドーピングの摘発例が非常に多いという点も問題視されました。オリンピックに代表される現代のスポーツ競技大会においては，充実したスタジアムというようなハード面でのインフラ整備のみならず，当該記録が信頼に足るものなのかを保障するためのルールの制定やその確実な運用といったソフト面でのインフラ整備が重要なのですが（そうでなければせっかく新記録が出ても意味がないということになってしまいます），その点で当該場所での開催が問題視されたというわけです（この点について東京は完全な信頼を得ていました）。

このように見てくると，首相の発言だけが東京の勝因ではなく，委員それぞれの行動を決めた要因としては様々なものがあったといえるかもしれません。なお，付け加えなければならないとすれば，この時の東京のプレゼンテーションは（日本人離れした）完璧に魅力的なものでした。そのパフォーマンスの素晴らしさも，一因に挙げなければならないでしょう。

なお，国際オリンピック委員会の各委員はオリンピックの成功という観点から票を投じると先ほど述べましたが，かつてはそうでない投票行動もあったようです。すなわち，自分個人への利益や便宜の供与の有無によって（オリンピックの成功の可能性とは関係なく）投票を決めていたような委員も皆無ではなかったようです。

東京電力株式会社とその関係者の意見

　次に，東京電力とその関係者についてはどうでしょうか。記事によれば，東電はその責任として放射性物質が外に漏れるのを防ぐ努力をしています。そして，自らの責任という観点からは，政府関係者と同様に，「状況はコントロールされている」というべきであるように思えます。しかし，この記事によれば，「完全に遮断できているわけではない」とも述べているようです。これはどうしてなのでしょうか。

　まず前提として，記事にあるように，この当時，実際には「取水口と港湾内の海中にシルトフェンスと呼ばれる幕を垂らして」いるだけであり，しかも，「福島第一原発の港湾内には今も1日300トンの汚染水が流れ込んで」いて，「港湾の入り口で採取した海水から1リットルあたり68ベクレルのトリチウム」が検出されていました。加えて，「高濃度の汚染水をためていたタンクから300トンが漏れた事故」があり，2013年「7月に採取したババガレイなどからは摂取基準値を超える値が検出されている」のですから，「状況は完全にコントロールされている」とは簡単に言えない状況であったわけです。とすると，仮に東電が「状況はコントロールされている」などと強弁したとしても，マスコミに問い詰められればすぐに答えに窮してしまうような状態にあったのであり，そうである以上，東電が「完全に遮断できているわけではない」と述べたのは当然であるといえましょう。

　もっとも，ここで注目すべきは，この発言がオリンピック招致の場でなされたものではないということです。もしも，仮にオリンピック招致決定の場に東電がいたとしたら，同様に「完全に遮断できているわけではない」と発言できたでしょうか？　また，日本のマスコミは，国際オリンピック委員たちの前であっても，東電を厳しく問い詰めたでしょうか？　発言がなされたのがどのような場であったのかという点も，実は，分析の際の重要な考慮要素なのです。

地元の方々の意見

　最後に，最も重要な地元の方々についてはどうでしょうか。この記事の中では，「ふざけんじゃない。原発をコントロールできないから，汚染水にこんな

に苦しんでいるんじゃないか」との憤りが伝えられています。「国外では安全と言いながら，我々には言わない」，「除染も国が責任を持ってやると言ったのに全然進んでいない」というように，対外的な発言と対内的な対応のズレ，対内的な対応の遅れについて厳しい指摘がなされています。その切ない感情は十分に理解できるものです。

ただ，注意すべきは，そのような中にも「五輪の東京開催は歓迎する」「開催は喜ばしい」といった意見を見出すことができるということです。その裏には，もちろん，日本でのオリンピック開催を単純に喜ばしく思うという気持ちもあるでしょう。しかし，それとともに，福島県知事が述べているように，この首相発言を「政府が責任をもって安全にするという国際公約」であると捉えて，むしろ福島の復興実現への言質として用いるという側面もあるのかもしれません。

日本国民・東京都民の意見

最後に，記事の中には出てきていませんが，一般の人々はオリンピック招致の成功やそのための上記の首相発言にどのような思いを抱いているのでしょうか。この点は，オリンピック招致に関する様々な関連記事を見ることで，様々に分析することができます。すなわち，招致による経済効果について特集する記事からは，景気の浮揚策としてオリンピック招致に期待する人々の存在がうかがわれます。他方で，交通渋滞の可能性など，オリンピックがいざ開催されるとなった場合のマイナスの側面を特集した記事などからは，これを歓迎しない人々もまた存在することがわかります。ただ，最近では，公共事業といった旧来型の景気拡大策としてのオリンピックという評価よりも，世界において「東京」や「日本」が大々的に注目されるきっかけとしてオリンピックをプラスに捉える記事も多く見られるようになりました（世界中の人々がその期間においては「東京」「日本」に注目してくれるのであり，「東京」「日本」を世界に発信する最高の機会であるということです）。また，スポーツの素晴らしさを草の根にまで拡大する契機として，オリンピックをプラスに捉える記事も少なからず見受けられます（「ママさんバレー」なる草の根スポーツは，まさに，1964年に開催された前回の東京オリンピックに触発されて始まったのです）。

ただ，上記の首相の発言については，その二枚舌ぶりが明らかなだけに，積極評価は少ないようです。

　以上，こちらでも新聞記事を手掛かりに，様々な**対立点**とそれぞれの**意見・理由**について考察してみました。もちろん，上記以外の考慮要素もあるかもしれません。さらに考察を進めてみてください。

QUESTION

- [ ] 1 複数の当事者が登場し，複雑に利害が絡み合っているような身近なニュース記事を見つけて，自分なりに分析してみましょう。
- [ ] 2 グループを作ってそのようなニュース記事を自分達なりに分析した上で，複数の論点が存在することを意識しながら，自分達なりにそのテーマにつき議論をしてみましょう。

CHAPTER

第**8**章

ルールの意味を考える

1　身の回りのルールの意味

　ここまで，「法」や「法学」をこれから学ぼうとするみなさんに，「法」や「法学」の十分な知識がなくても，そのエッセンスに触れることができる，あるいは，この分野において必要な独特の頭の使い方を学ぶことができるように，いろいろな工夫をしてきました。そのような工夫の一つとして，本章では，私達の身の回りに存在する「法律」以外の様々なルールをいくつかピックアップして，その意味を考えていきたいと思います。

あるルールが目指すこと

　今後，「法学」の勉強が進んでいくと，様々な場面において，「この制度の趣旨は何か？」，「この規定の趣旨は？」といったことを考えざるをえなくなります。例えば，条文の文言が一義的に明確ではないため，二通りの解釈が可能になる。それではどちらの解釈が正しいのか，それを探るために，その規定，あるいは，制度それ自体がどのような目的で設けられたのかを探究する。そうした思考プロセスが，「法学」を勉強する過程でそこかしこに現われてきます。

そうした思考プロセスを本格的に行うためには，その規定や制度の前提や周辺に関する様々な知識を習得しなくてはなりません。しかし，それには一定の労力と時間が必要です。そこで，そうした知識を習得する前の段階でこのような思考プロセスを体験することはできないだろうか。そんな問題意識から，次のように，身の回りにある様々なルールを題材に選んでみました。

1　水　栓

どちらに回すと水が出る？

　まず，水道の「水栓」について考えてみましょう。最近は少なくなりましたが，昔ながらの「水栓」は，反時計回りに回すと水が出て，時計回りに回すと水が止まります。これも一つのルールですが，それではどうしてこのようなルールになっているのでしょうか。反対のルールでは駄目なのでしょうか。

　みなさんの中には，そもそもの話として，ルールが混在していると混乱の元になるからだと考えた方もいるでしょう。それは確かにそうなのですが，しかし，この回答は「どうしてルールを一本化する必要があるのか」という問いには答えていても，「どうして反時計回りに回すと水が出て，時計回りに回すと水が止まるというルールでなければならないのか」という問いに対しては，答えていません。

その理由：人間の右手の構造？

　それでは，どうしてなのでしょうか。この点，考えるべき要素の一つとして，人間の右手の構造上，時計回りの方が可動域が大きく，他方で反時計回りの方が可動域が小さいという事実があります（是非，右手を前に出して，時計回りに回転させるのと，反時計回りに回転させるので，回転する角度が違うことを確認してください）。とすると，このルールは，水を出すときよりも，水を止めるときの方がやりやすいように作られたルールであると思えてきます。実際，世界におけ

1　身の回りのルールの意味　● 121

る多くの地域においては，水は希少資源でもありますから，閉めにくい水栓により水を浪費してしまうよりも，多少開きにくくても確実に閉めることが優先されたのかもしれません。

ネジの回転と水栓

　もっとも，みなさんの中には，こうした人間の右手の回転に関する特性は，直接に水栓の回転ルールに影響しているのではなく，ネジの回転に関するルールにまずは影響しており，そのルールの影響の下に水栓の回転ルールが決められたのではないかと考える方もいるかもしれません。確かに，水栓の構造はネジの構造に非常によく似ています。内部における器具がネジを締めるのと同じ動きをすることで水栓が閉まり，ネジを緩めるのと同じ動きをすることで水栓が開きます。とすると，ネジの回転に関するルールがそのように決まっていたから，水栓の回転ルールもそのように決まったのではないかという説明の方が，説得力があるように思えてきます。

じゃあネジの回転は？

　そうであるとすると，どうしてネジの回転ルールはそのようになっているのでしょうか？

　この点，ネジの最も重要な機能は，二つの部品をつなぎ合わせて固定するという点にあり，これをしっかりと行うことが極めて大事です。しかし，ネジは一度固定したら，その後，緩めて二つの部品をバラバラにするという作業は，通常はあまり発生しません。とするならば，このルールは，ネジを緩めて二つの部品をバラバラにすることに多少の困難があっても，二つの部品をしっかりと固定することを重要視して作られたルールであるということができるようにも思えてきます。そして，そのルールが，ネジの構造をまねて作られた水栓にも応用されたという説明になるわけです。

　ただ，事実としては，昭和初期の頃までは，逆のルールを採用していた水栓もあったようです。それが，後の業界でのルール統一の動きによって，現在のルールに一本化されたという経緯があります。とすると，ネジのルールと水栓のルールは無関係にも感じられ，興味がつきないところです。

左利きの人は？

なお，以上は右手が利き手であることを前提にお話ししてきましたが，世の中には左利きの人も一定数います。そして，左利きの人については，以上の話はまったく逆になってしまいます。その点はどう考えるべきなのでしょうか？

一つの考え方としては，「右利きの人が多いから，どちらかのルールを採用するとしたら，より大勢の人がやりやすくなる右利きを前提にしたルールにするしかない」ものがあると思います。しかし，それでは左利きの人に不公平ではありませんか？

2 レバー式の水栓

水を止めるレバーは？

ところで，以上の「水栓」については，回転させるバルブ式の水栓を前提にお話をしてきました。しかし，最近は，レバー式の水栓が私達の身の回りには非常に多くなっています。ひねらなくても，レバーを上下させることによって，水を出したり止めたりする水栓です。では，レバーを上下どちらに動かした時に水が出て，どちらに動かした時に水が止まるでしょうか。

私はこれまで10年以上大学で「法学入門」の講義を行っていましたが，この問いに対する学生の答えが年を追うごとに変化することに，いつも驚かされます。すなわち，かつては「レバーを下げると水が出て上げると止まる」という答えをする学生と，その逆に，「レバーを上げると水が出て下げると止まる」という答えをする学生が，半々くらいだったのです。ところが最近では，ほとんどが後者の答えであり，前者の答えをする学生は少数派になっています。

ルールが混在していたわけ

それでは，このことを一つのヒントとして，なぜ，二つのルールが混在して

1 身の回りのルールの意味 ● 123

いるように見えていたのか，考えてみましょう．みなさんの中でも勘のいい方は，すぐに，「昔は主流であった前者のルールが，何らかの理由によって後者のルールに変わった．その結果として，昔は前者のルールが主流，あるいは，混在していたのに，最近では後者のルールが主流になってきたのではないか」ということに，気づいてくれるかもしれません．まったくその通りで，本当に，昔は前者のルールが主流だったのです．

実際，人間の感覚からすれば，水を下に流すためにレバーを下におろす方が自然であるようにも思えます．その意味で，前者のルールを採用したレバー水栓は，かつては市場を席巻していたのです（もっとも，後者のルールを採用したものも無いわけではなかったようですが，少数派だったようです）．

ルール統一のきっかけは……

ところが，ある災害をきっかけに，後者のルールでなければならなくなり，業界として後者のルールでの統一化を余儀なくされることになりました．それでは，その災害とは何でしょうか．ヒントは，思わぬ力がかかったときに，レバーはどちらに動くことになるかという点です．

真相は，どうやら，1995年の阪神・淡路大震災にあったようです．この頃までに，わが国においても，かつてのバルブ式水栓が次第に家庭から姿を消し始め，レバー式水栓が多用されるようになっていました．しかも，そのレバー式水栓は，前者のルール，すなわち，「レバーを下げると水が出て，上げると止まる」を採用するものが主流だったのです．そんな中，未曾有の大震災が起きました．突然に上下に揺さぶられた結果，レバーはことごとく下がってしまい，水が流れ続け，結果，震災の被害が拡大してしまいました．そして，その反省の下，業界をあげてルールが「レバーを上げると水が出て下げると止まる」という形に統一されたわけです．このルールの下では，突然に上下に揺さぶられてレバーが下がっても，水は止まってくれるということになります．

3　陸上トラックを走る

さて，回転の話から上下動の話に変わりましたが，ここでもう一度回転の話

に戻ってみましょう。みなさん，大学に入学するまでの間，小学校，中学校，高校と，運動会や体育祭を経験してきたかと思います。そしてその際，グラウンドに楕円形に作られた陸上トラックを走る競技が，「徒競走」，あるいは，「400 メートル走」など，名称や内容は変わっても，必ず開催されてきたと思われます。それでは，このようなトラック競技で，みなさんは，時計回り，反時計回り，どちらに回ってきたでしょうか。そして，それはなぜなのでしょうか。

なぜ反時計回り？

さすがにこの問いに対しては，みなさん「反時計回り」と答えるでしょう。しかし，「反時計回りであることの理由を述べよ」とさらに追求されると，答えに窮するのではないでしょうか。それでも，何とか答えをひねり出してみてください。

考えられる理由の一つとしては，例えば，「走る際には手を振ることになるが，その際，右利きの人であれば右手の方が振幅が大きくなる。そうすると（右利きの人が多数であることを前提に）右手が外側に来るように走った方がトラックを回りやすくなり，その結果，タイムが良くなるのではないか」というものがあるかもしれません。

他方で，例えば，「人間の心臓が左側にあることが関係しているのではないか」という理由を考えつく人もいるかもしれません。すなわち，「心臓に負担がよりかからない方が，走るのに適している回り方である。この点で，心臓が外側になるように走ると遠心力が心臓により大きくかかり，幾分かタイムが悪くなる。これに対し，心臓を内側にするように走ると心臓への負担は幾分かは減り，その結果，タイムが良くなるのではないか」というものです。

反時計回りの方がタイムがよい

事実としては，近代オリンピックが始まった 19 世紀末においては必ずしも統一されていなかったようです。ところが，ある大会でそのことが問題となり，実際に走らせてみると，みな時計回りよりも反時計回りの方がタイムが良かったため，それ以来，反時計回りが主流になったようです。このように，一般的

に反時計回りの方がタイムが良いことは間違いないようなのですが，それではその理由が上記の二つのうちどちらにあるのかについては，実は決め手がないようです．

それでは，どのような実験をすればどちらの説が真実に近いかわかるのでしょうか？　是非，自分でも考えてみてください．考えられる実験の一つとしては，「左利きの人だけを集めて，時計回り・反時計回りの双方を走らせてみる」というものです．いつかこの実験をやってみたいと個人的には思っているのですが，実際のところはどうなのでしょうか（なお，この二つの説以外にも，「(右利きの人は) 右足の蹴る力の方が強いから」という説もあるようです）．

4　回転寿司

お寿司を取るまで

さらに回転のルールにつき考えてみましょう．みなさんはもちろん，「回転寿司」という存在を知っていると思います．それでは，お寿司の乗った皿を運んでくるベルトコンベアは，いったいどちら向きに回っているでしょうか．この問いを学生にぶつけると，途端に教室中の全員が，回転寿司に行った時の状況を思い出しながら指や手を動かし始めるので，いつも思わず笑ってしまいます．

さて，このルールを考えるにあたっては，回転寿司の現場では，「何のお寿司が乗った皿であるか，さらにはそれがいくらの皿であるかを確認した上で，そのお寿司が食べたいか，そのためにその金額を出してよいかを逡巡し，最終的に決断してお皿を取る」というプロセスが存在し，しかも，そのためには一定の時間が必要であるという前提に気がつく必要があります．すなわち，お皿を取るまでに一定の時間が確保できるような向きでの回転でなくてはならないということです．

合理的なルール

では，そのことを前提に，カウンター席に座っている場合，どちら向きの回転で流れてくるかを尋ねると，右利きの人が右手で取りやすい向き，すなわち，

左からお皿が流れてくる反時計回りであるはずであると答えてしまう人が少なくありません。

　しかし，回転寿司でお寿司を食べている時，あなたの右手は何をしているでしょうか？　そうです，あなたの右手は箸を持っているのです。つまり，回転寿司では，お皿は左手で取るのが普通なようで，そうであるとすると，右からお皿が流れてくる時計回りルールの方が合理的であるということになり，実際にもそのように流れてきます。もちろん，例外が無いわけではないようですが，是非，今度，確認しに回転寿司に行ってみてください。

5　そもそも「時計回り」について

　ところで，これまで「時計回り」，「反時計回り」という言葉を使ってきましたが，そもそも「時計」はどうして「時計回り」なのでしょうか。なぜ逆の回転にならなかったのでしょうか。

　はじめはなかなか答えを思いつかないかもしれません。では，ヒントを出しましょう。「時計は昔から機械仕掛けだったのでしょうか？」。そうです，今のような機械仕掛けの時計は少なくとも古代には存在しなかったわけであり，その頃の主流は「日時計」だったのです。そして，北半球においては，太陽が朝に東から昇り，正午には南中し，夕方に西に沈んでいく。そして，その影も同じ向きに回転していく。その回転方向が，そのまま時計の回転の向きになったというわけです。

　もっとも，私は意地悪なので，そのような答えに辿りついたとしても，さらに以下の質問を追加してしまいます。「日時計は南半球では逆回転になりますね。とすると，南半球の時計は逆回転ですか？」。この問いには，最初は少し戸惑うかもしれませんが，現代に至るまでの多くの発明は北半球で行われたという事実，そして，南半球の多くの国々が北半球の国々からの移民によって成立しているという事実に気がつ

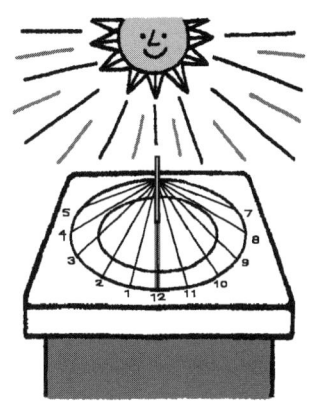

けば，南半球でも「時計回り」の「時計」が使われていることの理由に辿りつけるはずです。

さて，このように述べましたが，実は，私達の身の回りに，時計の針が逆方向に回る時計を置いていることが多いお店があります。月曜日に休むことが多いお店ですが，それは何のお店で，その理由は何でしょうか。是非，考えてみてください。

2 ルールの違いの意味

さて，これまで私達の身の回りに存在するルールについてその意味を考えてきましたが，環境が変わる，例えば，外国に旅行したりすると，そこでは私達の身の回りにおけるそれとは異なるルールが用いられていて，時に驚かされます。

1 メルボルンにて

メルボルンの交通ルール

例えば，私がオーストラリアのメルボルンという町で経験したルールの違いについて説明してみましょう。オーストラリアは日本と同じく，自動車については左側通行を採用しています。そのため，現地でレンタカーを借りた場合，あまり違和感なくドライブを楽しむことができます。

ところが，メルボルン中心部で自動車を運転していた際，交差点で右折しようとしたところ，驚くべき事態に遭遇しました。通常，日本では，自動車が右折しようとする場合，片道一車線であればその車線の右側に自動車を寄せながら，あるいは，片道二車線以上であれば一番右の車線に自動車を寄せながら交差点に進入して停車し，対向車線を直進してくる自動車がなくなるのを待ち，それがなくなったら右折するというプロセスをとります。したがって，私もメルボルン中心部で，同じように車を一番右の車線に寄せて停車しました。

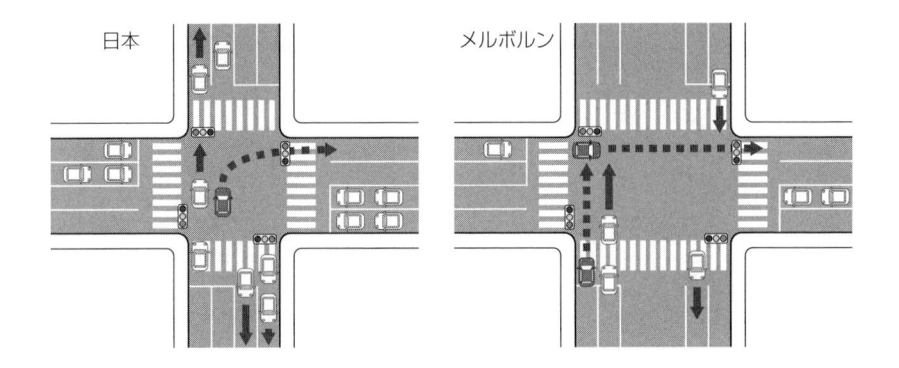

二段階右折

　ところが，そうしたところ，すぐに後ろの自動車にクラクションを鳴らされるはめとなりました。周りを見渡すと，バックミラー越しの後ろの車はもちろん，付近の歩行者も含めて，一番左の車線に寄れと指示をしています。仕方なしに，道路状況を見定めながら，一番左の車線に車を寄せて，他の車の動きを観察しました。そうすると，右折をしようとしている車は，日本でいうところの「二段階右折」を行おうとしているではありませんか。

　これは，日本では，大きめの交差点で「原動機付自転車」等に義務づけられている右折方法です。まずは一番左の車線を走りながら交差点に進入し，交差点の中で停車する。その上で，交差する道路（自分が右折した上で進みたい道路）の信号が青になったら，右に原付バイクの向きを変えてその道路を進んでいく（結果的に右折できている）というプロセスです。ところが，メルボルン中心部ではこのルールを自動車にも採用しているのです。

　同じく自動車が右折をするのに，日本では右側に車を寄せて右折する。これに対し，メルボルン中心部では左側に車を寄せて二段階で右折をする。なぜ，このようなルールの違いが生まれるのでしょうか。

　このようなメルボルンのルールの鍵は，メルボルン中心部では，交差点の中央部分に車が停車していてはいけないという点にあります。日本の右折方法ですと，どうしても右側の車線を進行しながら交差点内で停車する，すなわち，一時的にでさえ交差点の中央部分に車が停車していることになってしまいます。それを防ぐために，メルボルン中心部では，上記のような面倒な二段階右折を

2　ルールの違いの意味　● 129

メルボルンのトラム（写真提供：産経ビジュアル）

しなくてはならないのです。

市民の足「トラム」

　それでは，それはなぜなのでしょうか。実は，メルボルンの中心部には，「トラム」と呼ばれる路面電車が頻繁に走っていて，市民の足となっています。トラムの軌道は自動車の走る道路のさらに内側にあるのですが，渋滞緩和のために重要な交通機関であるトラムの進行を自動車が妨げることは決して許されません。そうである以上，交差点の中央部分で車が停車せざるをえず，その結果，トラムの進行を妨げかねない右折方法は，禁止されてしまうというわけです。

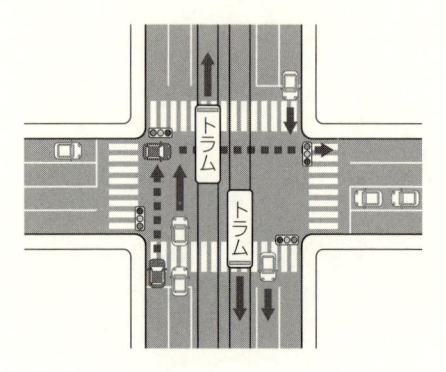

　このように右折ルールの違いには，トラムの存在という**合理的な理由**があったのです。実際，メルボルンの郊外に行くと，もはやそのような特殊な右折ルールはなく，日本と同じ右折方法で構わないとされています。もちろん，そこにはトラムは走っていません。

インドのステッカー――「クラクションを鳴らしてね」
（写真提供：時事通信フォト）

2 インドにて

"Please Blow Horn"

　さて，以上は私がメルボルンでクラクションを鳴らされた話でしたが，その前提として，日本でもメルボルンでも，クラクションを鳴らすことは危険を避けるためにやむをえずにすることであり，頻繁にこれを鳴らすことは「失礼」なことであると考えられています。

　ところが，私がインドを訪ねた時，道路上でのクラクションの洪水に驚かされました。のみならず，多くの自動車の後部ガラスや後部のバンパー付近に，"Please Blow Horn（クラクション鳴らしてね）" という大きなステッカーが貼られていることに，さらに驚きました。そうです，インドではクラクションを鳴らすことが，むしろ推奨されているようなのです。これはいったいどういうことなのでしょうか。

なぜ "Please Blow Horn" なのか

　しかし，そのようにルールの違いに戸惑ったのは束の間にすぎませんでした。

実際，インドの道路を見ていると，だれもがすぐにその理由に気がつきます。インドでは，最新式の高級車やスポーツカーも走っています。しかし，日本では明らかに車検を通らないであろう車もヨタヨタしながら走っています。その中には，ドアミラーやサイドミラーが無いものもあります。加えて，オートバイもたくさん走っていますし，オートバイの後部を改造し三輪にして後部座席を有する，あるいは，単にリアカーを付けてその上に椅子を乗せている「オートリキシャ」なる乗り物も走っています。さらに，その自転車版の「リキシャ」なる乗り物も走っています（もちろん，名前の由来は日本の「人力車」のようです）。

その他，場所によっては，牛，ヤギ，ラクダの群れも道路を移動しています。すなわち，速さのまったく異なる乗り物（あるいは生き物）が，一つの道路を共同で利用しているわけです。当然，追い越しをせざるをえない状況が多々あるわけですが，その際，危険がないように，クラクションが多用されているということになります。「失礼」とか言っていられないわけですね。

3　ウインカーのレバー

ところで，海外で戸惑ってしまう交通ルールの最たるものは，自動車の左側通行と右側通行の違いではないでしょうか。日本が左側通行であることは当然にみなさんも御存知でしょうが，米国や大陸系のヨーロッパ諸国（フランス，ドイツ，イタリアなど），さらに中国などは右側通行です。これに対し，英国やかつてはその植民地であった国々（オーストラリア，ニュージーランド，インド，香港など）は，日本と同様に左側通行です。では，左側通行の国々で，例えば，レンタカーを借りてドライブをしようとした時，まったく戸惑わないかといえば，一つだけ，いつも間違えてしまうことがあります。それは，自動車におけるウインカーのレバーの位置です。

ウインカーのレバーの位置

もっとも，みなさんの中には，まだ自動車の運転免許を持っていない人も多いとは思いますが，そうした人の中には「ウインカー」といってもピンとこな

い方もいるかもしれません。ウインカーとは、いわゆる車の方向指示器のことです。右側に曲がる際には車の運転席から見て右サイドの黄色いランプが点滅するようにし、左側に曲がる際には左サイドの黄色いランプが点滅するようにする。そのためのレバーが、通常、ハンドルの横に付いています。

　問題は、このウインカーのレバーがハンドルの右側に付いているか、それとも、左側に付いているかです。この点、日本車は通常右ハンドル車で、ハンドル（すなわち運転席）が右側にあることを前提に、ハンドルの右側にウインカーのレバーが付いています（その逆側には雨の日に必要なワイパーを動かすためのレバーが付いています）。これに対し、右側通行の国々で運転しようとすると、通常左ハンドル車で、運転席もハンドルも左側にあり、ハンドルの左側にウインカーのレバーが付いています（ワイパーはその逆です）。右側通行の国々では、そもそもハンドルの位置と走行すべきレーンの位置が違いますから、ウインカーのレバーが日本の車とは逆に付いていたとしても、「そんなものか」と私などは納得していました。

　ところが、日本以外の左側通行の国々で運転しようとした時、ハンドル（運転席）が右側にあるにもかかわらず、ウインカーのレバーがハンドルの左側に付いていたのです。習慣というのは恐ろしいもので、ドライブの途中、何度もウインカーではなく（雨も降っていないのに）ワイパーを動かしてしまい、恥ずかしい思いをしたことを記憶しています。

　このように、ウインカーのレバーの位置は、右ハンドルなら右側、左ハンドルなら左側と決まっているわけではなくて、右ハンドルでも左側の車があるのです。いえ、むしろ世界的にはそちらの方が通常であり、日本の右ハンドル・右ウインカーレバールールの方が世界的には珍しいということになります。実際、日本の中でも、いわゆる「外車」については、左ハンドル車はもちろん、（日本において運転しやすいように）右ハンドルに改造されたものについても、左ウインカーレバールールが採用されているようです（したがって、間違えてワイパーを動かしてしまうという事態は、実は、日本で外車を運転する際にも生じるというわけです）。

2　ルールの違いの意味　● 133

日本工業規格（JIS）

　それでは，どうしてこのようにルールが異なっているのでしょうか。なぜ日本では世界とは異なる右ウインカーレバールールが採用されているのでしょうか。

　実は，日本の右ウインカーレバールールは，日本において工業製品の「標準規格」を定めている「日本工業規格」（「JIS」と通常は呼ばれています）なるルールによって定められています。ここに言う「標準規格」とは，例えば，ネジの大きさ，電器プラグとコンセントの形状など，各社がバラバラに作ることにより利用者が困ってしまう事態を防ぐために，統一規格を作成し，その規格に沿って工業製品が作られるように工夫されたルールです。このルールのおかげで，ある部品のネジが無くなってしまったとしても，同じ口径のネジが市販されているので，それを購入して新たにネジを締めることができるわけです。そして，日本車が右ウインカーレバールールなのも，この JIS なるルールの存在があるからなのです。

国際標準化機構（ISO）

　ところが，世界には「国際標準化機構」（「ISO」と呼ばれています）なる国際団体があり（スイスのジュネーブに本拠があります），こちらも標準規格ルールの作成作業を世界的に行っているのです。そして，この ISO ルールにおいては，（ハンドルの位置にかかわらず）左ウインカーレバールールとなっているのです。

なぜ違いが？

　それでは，どうしてこのような標準ルールの違いが発生したのか，考えてみましょう。日本独自にルールを作成した場合，左側通行であり，右ハンドルであることが前提になります（車を運転する人ならわかりますが，左側通行の場合，右ハンドルでは運転者が道路の中央側に位置することになるため，運転しやすいのですが，左ハンドルだと道路の端側に位置することになるため，運転しにくいのです。そのために，日本車は右ハンドルが前提になっています）。

　ところで，（今は少なくなりましたが）走行の際にギアチェンジを人為的にし

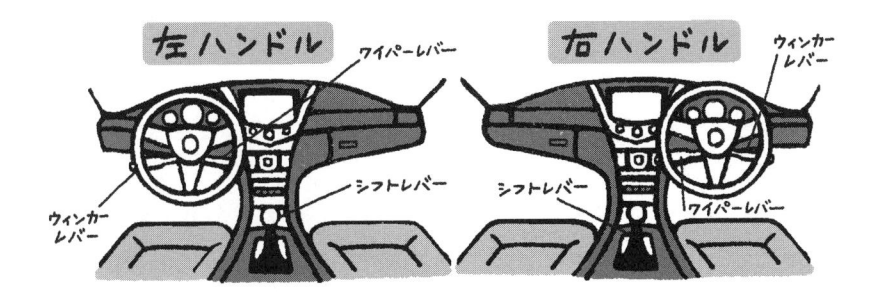

なくてはならない「マニュアル車」においては，車体の中央にギアチェンジのための「シフトレバー」があります。そのため，右ハンドルの場合は運転席から見て左手側にシフトレバーがくることになります。そして，右左折の時には，マニュアル車では必ずギアチェンジが必要になるので，ハンドルの右側にウインカーレバーがある限り，左手でシフトレバーを操作しながら，右手でウインカーを操作することが可能になり，操作がしやすいのです。

　これに対し，もし左側にウインカーレバーがあると，ギアチェンジの操作とウインカーの操作が同時にできないことになります（現在の日本ではオートマチック車が主流なので，このことに気がつく機会がほとんど無くなってしまっています）。すなわち，マニュアル車を前提にする限り，左側通行・右ハンドル車にとっては，右ウインカールールが合理的であるということになります。そして，その合理性を前提に，日本独自のJISルールが作成されたということなのでしょう。

　他方で，このことから，右側通行・左ハンドル車（特にマニュアル車）においては，左ウインカーレバールールが合理的であると導けることになります。とすると，現在のISOルールは，右側通行の国々においては合理的であるが，左側通行の国々においては不合理ということになります。それでは，どうして一定数の国々において不合理なものになってしまうようなルールが，世界標準として作成されてしまったのでしょうか。

不合理なルールの合理性

　ここでもう一つ考えるべきは，特に欧州など，小さな国々が隣接しあい，国境を越えて移動することが珍しくはないような地域においては，隣国でレンタ

カーを借りるといった事態が少なくはないということです。その際，先に述べた私の経験のように，ウインカーレバールールが国によって異なっていると，右左折のたびにワイパーだけが動き，ウインカーを出さないままに車が進行方向を急に変えてしまうという現象が頻発してしまい，その結果，思わぬ事故が発生してしまう可能性が生じてしまいます。

とすると，こうした危険を避けるために，ウインカーレバールールを統一し，どの国でどのような車に乗ったとしても共通の操作方法とするように標準化を働きかけることが重要であるという発想が出てくるのも，理解できるように思われます。そして，（その際にはどちらかのルールを選択しなければならないのですが）欧州のジュネーブに本拠を置く国際機関での議論において，欧州では少数派の英国の事情，すなわち，左側通行・右ハンドルにとって運転のしやすいルールが採用されなかったことも，容易に想像できます。

このように考えてくると，英国などの日本以外の左側通行の国々で（本来は不合理な）左ウインカーレバールールを採用した車が走っていることにつき，理解できることになります。ただ，欧州から遠く離れた島国である日本においては，英国のような事情は必ずしも存在しません。そのため，国際標準とは異なる日本独自のルールの下，（日本では合理的な）右ウインカーレバールールが依然として採用されているということになるのでしょう。

4 左側通行・右側通行

ところで，以上の前提として，自動車については左側通行ルールと右側通行ルールが世界的に併存しているという事実がありました。しかし，どうして二つのルールが併存しているのか，ここまでくると，そのこと自体も不思議になってきます。

この問題を考える際にいつも思い出されるのが，英国から来た外国のお客様を成田空港まで車で迎えに行ったときの話です。彼は，国際機関の役職者だったのですが，私の車に乗って都内まで移動する過程で，こう言ったのです。

彼：「そうか，日本も車は左側通行か」

私は答えました。

> 私：「ええ，そうです。英国と一緒ですね。かつて英国の植民地であった国々は左側通行を採用しているところが多いようですね。日本は英国の植民地ではありませんが，左側通行を採用しているんです」

左側通行の理由

その後，以下のように会話は続きました。

> 彼：「そうか，素晴らしい。ところで，なぜ，左側通行なのか知っているかね」
> 私：「いえ。たまたま最初に決められたのが，左側通行ルールだったというだけでしょう。ルールは一旦決まってしまうと変更するのが難しいので，米国や他の欧州諸国が右側通行を採用していて，二つのルールが世界的に併存する状況になっていたとしても，今からルールを統一するのは難しい。それだけの話ではないのでしょうか」
> 彼：「なるほど，電気のコンセントの形状，電話線の差込口の形状は世界各国違っているし，家庭用電源の電圧も違っているよね。それらは確かに，そのようにしか説明できないだろうね。実際，今からこれらの形状や電圧を変えたら，その国は大混乱になるだろうからね」
> 私：「はい。逆に，例えば，近年に登場し，かつ，最初から世界的な標準化が志向されたインターネットについては，接続ケーブルの差込口は世界中どこに行っても同じですよね」
> 彼：「そうだね。だけど，車の左側通行は，それらとは違うね。左側通行の方が合理的なんだ」
> 私：「と，言いますと？」
> 彼：「昔は自動車ではなくて，馬車や馬そのものが道路を走っていたわけだよね。その中でも，常に馬に乗って行動する『騎士』にとっては，左側通行が重要なんだよ。つまり，騎士は必ず剣を腰に差して馬に乗っているが，その際，必ず自分の左側の腰に剣を差している。とすると，二人の騎士が馬上ですれ違うような場合に，右側通行だと剣の鞘と鞘がぶつかりあってしまう恐れがある。剣の鞘をぶつけることは

騎士にとって非常に無礼なことなので，思わぬ揉め事に発展してしまう可能性が生じてしまう。だから，鞘と鞘がぶつかりにくい左側通行にしていたんだ。その伝統が，左側通行ルールを確立させたんだよ」

私：「なるほど。確かに日本でも，侍は刀を必ず自分の左側の腰に差していましたが，刀の鞘と鞘がぶつかることは，同様に非常に無礼なことだったと覚えています。『さや当て』という言葉があるくらいですから」

このように，私は一旦は，この車の左側通行ルールの合理性の説明に納得してしまったのですが，すぐに疑問が浮かんだので，彼にそれをぶつけてみました（みなさんも，疑問には思いませんか？）。

　私：「あのー，確かにおっしゃる通りですが，騎士が活躍する有名な物語『三銃士』の舞台であるフランス，あるいはドイツなど，騎士のもう一つの本場である大陸系の欧州諸国は，右側通行ですよね。右側通行だと鞘がぶつかりあいやすいとすれば，なぜ彼らは右側通行ルールに甘んじていたんでしょうか」

彼の説明には，実は根拠がないのではないか，反論してみたつもりだったのですが，彼は即答しました。

　彼：「まあ，あいつらは変わってるからなあ」

みなさんは，どうお考えでしょうか。上で述べている「最初に決めたルールが後まで拘束してしまう」ということ以上に何か，右側通行ルール・左側通行ルールの共存に合理的な根拠を見つけることができるでしょうか。

5 「右」と「左」の漢字の書き順

なぜ違うの？

さてこれまで，どうして「右」ルールあるいは「左」ルールなのかといった問題を，様々な事例から考察してきましたが，「右」「左」という漢字自体にも，なぜそのようなルールになっているのか，どうして違いがあるのかといった考察が可能です。それは，「書き順」というルールに関する問題です。

実は，私は小学生の時から，ずっと「右」という漢字の書き順と，「左」という漢字の書き順が違うことに，疑問を有していました。すなわち，「右」という漢字は，「ノ」を最初に書いて，次に「一」を書きます。これに対し，「左」という漢字は，「一」を最初に書いて，次に「ノ」を書きます。どうしてこうした違いがあるのでしょうか。

小学生以来，私のこの疑問に納得にいく答えを示してくれた人はいませんでした。しかし，ごく最近，ある書道家の方から，非常に合理的な説明を受け，本当に感銘を受けました。それは，秘密は三番目に何を書くのかという点にあり，これがその前の二つの書き順を決めているのだという説明です。

毛筆の筆の流れ

そもそも漢字はかつて，硬筆ではなく毛筆で書いていたわけです。そして，毛筆の場合には（硬筆に比べて）「流れ」が大事であり，この「流れ」をつくるためには，基本的に，縦に書いたら次には横，横に書いたら次には縦という順番で筆を運んでいくのだそうです。

その観点から「右」という漢字と「左」という漢字を見ると，三番目に書く部分は，「右」では「口」の左側の「｜」になり，「左」では「工」の上側の「一」になります。とすると，三番目に「｜」を縦に筆を入れて書く「右」という漢字については，その前に横に筆を入れる「一」が来なくてはならず，さらにその前に縦に筆を入れる「ノ」が来なくてはならないということになります。

これに対し，「左」では，三番目に「一」を横に筆を入れて書かなくてはなりませんから，その前に縦に筆を入れる「ノ」が来なくてはならず，さらにそ

2 ルールの違いの意味 ● 139

右　左
右　左
右　左
右　左
右　左

の前に横に筆を入れる「一」が来なくてはならないということになるわけです。みなさん，納得できましたでしょうか。

　このように，「縦に書いたら次には横，横に書いたら次には縦」といった，毛筆には必要な「流れ」の存在が，二つの似たような漢字における書き順ルールの違いを生み出しているわけです。

QUESTION

☐1 身近にある様々なルールを探し出し，それぞれのルーツを調べるとともに，その存在する意味を自分なりに考えてみましょう。

☐2 地域によって異なるルールはないでしょうか？　それぞれのルーツを調べるとともに，違いの意味を自分なりに考えてみましょう。

CHAPTER 第9章

意味のないルールと見えないルール

　第8章においては，身の回りに存在する様々なルールの意味や地域によるルールの違いの意味を考えてきましたが，私達の身の回りには，本当に「存在」しているのか疑わしいようなルール，実際にはだれも従っていないようなルールもたくさんあります。また，表向きのルールとは別に，その背後に隠れる形で，これとは異なる見えないルールが形成されてしまっていることもあります。
　それでは，そのような現象が生じるのはどうしてなのでしょうか。これを考察することも，法的な思考力の訓練になります。

1　意味のないルールの意味

1　自転車の右左折の際の手信号

自転車での奇妙なポーズ

　先日，私は「奇妙」な光景を目にしました。見るからに外国人の方が，自転車で車道を走っていたのですが，その人は右腕を右方向に伸ばした上で，肘から先を垂直に上に曲げて，左折をしていったのです。もちろん，付近を同様に

自転車で走っている人々の中で，他にそのようなことをする人はいませんでした。したがって，その光景は私には「奇妙」に映ったわけです。

しかし，そのポーズの意味するところは，おぼろげな記憶の中で，私にも理解はできました。それは，自転車で右折や左折をする際の「手信号」であり，小学生だった昔に学校の何かの授業でならった記憶があります。でも，これは「おぼろげな記憶」にすぎず，私自身が実際に行った記憶はほとんどありません。また，身近な人で，このような「手信号」を自転車の右左折の際に行っている人を見たこともありません。

実は道路交通法で決まっている！

ところが，実はこのルールは，道路交通法上，自転車に乗る者に義務づけられているものなのです。すなわち，道路交通法53条1項は，「運転者は，左折し，右折し，転回し，徐行し，停止し，後退し，又は同一方向に進行しながら進路を変えるときは，手，方向指示器又は灯火により合図をし，かつ，これらの行為が終わるまで当該合図を継続しなければならない」と定めており，ここにいう「右折」「左折」の際の「手」による「合図」が，まさにこの手信号なのです。

しかもさらに，道路交通法施行令21条は，例えば，左折の際は「その行為をしようとする地点（交差点において右折する場合にあつては，当該交差点の手前の側端）から30メートル手前の地点に達したとき」に「左腕を車体の左側の外に出して水平に伸ばし，若しくは右腕を車体の右側の外に出して肘を垂直に上に曲げる」ことを具体的に義務づけています。

しかし，先ほどもお話したように，このように自転車を運転している人を見たことはありません。すなわち，**実際には守られていないルール**なわけです。他方で，先ほどの外国人は**しっかり守っている**わけです。これはいったいなぜなのでしょうか。

なぜ外国人は守っていたのか？

まず，上記の外国人がなぜこのルールをしっかり守っていたのかにつき，推測してみましょう。私の予想では，この外国人の母国では，みんながこのルールを守って自転車に乗っており，だからこそ，日本に来た時に，母国でそうするように，ついつい手信号を出してしまったのでしょう。とすると，世界の国々の中には，自転車・手信号ルールが「生きている」国が少なからず存在するということになります。

オランダにて

この点に関して思い出されるのが，欧州の国々の中に，人々が自転車を日常的に，しかも日本と異なる形で，「活用」している国々があるということです。

例えば，私は仕事の関係でオランダに行くことが少なくはないのですが，初めてオランダを訪れた時，歩道を歩いているつもりで，自転車に轢かれかけたことがありました。すなわち，歩道だと思っていた道が，実は自転車専用レーンであり，ものすごいスピードで自転車がそのレーンを走っていくのです。また，レンタカーを借りてオランダの道路を走っていたときに，右折の際（オランダは車は右側通行です），自転車レーンの存在に気づかず，後ろから猛スピードで走ってきた自転車を巻き込みかけて冷や汗をかいたこともありました。

そこでは自転車は，自動車に準ずるだけのスピードを有する「車両」として機能しており，だからこそ，右左折の際に方向指示を出さないと大事故につながりかねず，したがって，人々はみな手信号ルールをしっかり守っているわけです。

日本の現状と自転車の手信号

他方で，わが国も人々が自転車を日常的に「活用」している国ではありますが，その「活用」の仕方はまったく異なります。東京の都心では，町の中に自転車専用レーンが整備されている場所はほとんどなく，（本来走るべき）車道が危ないこともあって，多くの自転車が歩道をゆっくり走っています。そのような利用方法をしている限り，手信号を出さなくても右左折の際に大事故が発生

1　意味のないルールの意味　● 143

する可能性は相対的に低く，その意味で，人々は手信号ルールを（法律上義務づけられているにもかかわらず）実際には守らないという状況になっているのでしょう。

自転車専用レーン

なお，自転車専用レーンを整備する形で自転車を活用する国々と，日本のように必ずしもそうなっていない国々が併存しているのはなぜなのかという問題も，興味深いものです。

オランダの自転車専用レーン
（写真提供：時事通信フォト）

これについては，実際に自転車に乗ってある程度の長距離を移動してみると，すぐにわかるでしょう。例えば，東京は，意外にアップダウンが多い都市です。丘陵地を中心とした「山の手」と，かつて小さな川が流れていた「下町」とがそこかしこで共存しており，地図上では短い距離に見えても，いくつもの丘を越えていかないと目的地にまで到達できないことが珍しくありません。

これに対し，先ほど紹介したオランダは「風車」で有名な小さな国ですが，この「風車」は海水面より低い干拓地にたまる水を排水するために存在しています。つまり，オランダは基本的にどこまでも平地なのであり，自転車による移動があまり苦にならないのです。こうした環境の違いが，自転車の「活用」方法の違いを生み，さらには，自転車に関するルールの遵守状況の違いにまでつながっている。そのように考えられるのではないでしょうか（もちろん，そうした環境の違いを前提に，政府の自転車推奨政策にも違いはあるでしょう）。

2 「車は左 人は右」

実は道路交通法にあるルール

ところで，みなさんは「車は左 人は右」という交通標語を耳にしたことがあるでしょうか。私の小さい頃には，この交通標語を教えられ，ある道を同じ方向に進む場合であっても，車はできるだけ道の左側を通り，人はできるだけ

道の右側を通るように指導されていました。実際，このルールは法律にも反映されており，道路交通法10条で，「歩行者は……道路の右側端に寄つて通行しなければならない」と定められています。

しかし，最近の学生の中には，そんな標語は聞いたことがないという方も少なくはないようです。

でも守られている？

現在，考えてみると，私が道を歩く際には，いつも車道の左側を歩いているように思えてなりません。例えば，私が大学の最寄り駅から通勤のために歩いていく際には，左側通行を前提とする車道のさらに左側に設置されている歩道をいつも歩いています。その意味で，「車は左 人はさらに左」のルールになっているわけで，私が小さい頃に教えられた「車は左 人は右」のルールに反する状態になっているようにも思えます。これはなぜなのでしょうか。

そのルールがあった理由

ここでまず，なぜ，「車は左 人は右」というルールがかつて設定されていたのかを考えてみましょう。

どうやらこのルールは昭和20年代に作られたようです。その頃の日本の道路状況を想像してみてください。現在の道路状況，つまり，中央にセンターラインや中央分離帯が用意され，全体としては二車線あるいは四車線であるものが，片側一車線あるいは片側二車線として利用されるといった状況は，当時，必ずしも日本の津々浦々まで整備されてはいませんでした。ましてや，そのさらに外側に歩道が整備され，人と車がまったく違う場所を歩くといった整備も十分にはなされていませんでした。すなわち，当時は一つの道を車と人が共有しているのが普通だったわけです。

その際，もしも「車は左 人も左」というルールであったらどうでしょうか。このルールの下では，人の後ろから車が速いスピードで走ってくるということになるので，時にその存在に気がつくことが遅れ，交通事故を招きかねません。そこで戦後，当時において日本を占領していたGHQの指示を契機として，「車は左 人は右」ルール，すなわち，同方向の場合は車と人は左右に別れ，対

1　意味のないルールの意味　● 145

道路で遊ぶ子ども達（1956年新宿区若葉町）（写真提供：東京都）

面する場合は人の前から車が走ってくる形にして，お互いの存在により気がつきやすく，交通事故を防止しやすいルールが整備されました。

さて，現在は？

　ところが現在，幸いにも私達の身の回りにおいて，多くの道に歩道が車道とは別に整備されるようになっています。そうすると，歩道を車道の右側に作るわけにはいきませんから（それでは道路の中央を人が歩くようなおかしなことになってしまいます），人は車道のさらに左側に整備された歩道を歩く，すなわち，「車は左 人は右」ルールとは異なるルールの下で日常生活を送っているわけです。そうした道路の整備状況の変化の結果，私の小さい頃に教えられたルールは，現在においては合理性を失い，今の子ども達には教えられていないということなのかもしれません。

　なお，先ほど，「車は左 人は右」ルールが道路交通法10条に体現されていると書きましたが，実は，同条をよく読むと，「歩道……と車道の区別のない道路においては」という限定が付されています。すなわち，歩道と車道の区別がある道路については，法律上も，「車は左 人は右」ルールは採用されていないのです。

146 ● CHAPTER 9　意味のないルールと見えないルール

3　踏切前の一時停止

外国では一時停止していない？

　さて、このルールについては「意味のないルール」と呼んでしまうと怒られそうですが、道路交通法33条は、鉄道の踏切の前におけるドライバーの義務につき、踏切の前の停止線で一時停止をしなければならないと定めています。

　しかし、例えば、米国やドイツでは、警報機・遮断機のある踏切では一時停止義務はないようです（実際、私も米国やドイツで、踏切の前で一時停止をしている車を見たことがありません）。また、スウェーデンなど、一時停止することを禁止している国すらあるようです。とすると、日本のこのルールが本当に意味のあるものなのか、疑問に思えてきます。

一時停止するわけ

　では、日本ではどのような理由でこのルールが設けられたのでしょうか？
　考えられる理由の一つとしては、警報機や遮断機が壊れていて、その結果、線路を通過する際に、走ってきた電車と衝突して大事故が発生する恐れがある。だから、一旦停止して、実際に電車が走ってきていないかを確認する必要があるというものがあるかもしれません。
　しかし、同様のことは、道路における信号機についてもいえないでしょうか。青信号であったとしても、信号機が壊れている可能性はゼロではありません。とすると、同じ理屈からすれば、青信号であったとしても、その前で一時停止をして、実際に横から車が走ってきていないかを確認する必要があるはずです。しかし、そのようなことは義務づけられていません。
　そうすると、警報機・遮断機が付いている踏切については、外国と同様に一時停止義務を課さないという方法もあるように思えてきます（なお、上述のスウェーデンが一時停止を禁止しているのは、雪や氷で踏切内が凍結している恐れがあるため、ある程度のスピードをつけて通過した方が踏切内で立ち往生する可能性が低くなるためであるようです）。

1　意味のないルールの意味　● 147

その他の理由と合理性

他方で，踏切の中は線路の関係で段差が多いので，思いもかけず踏切内で車が停まってしまい立ち往生する恐れがあるという理由も考えられるでしょう。

確かにこの点，マニュアルでのギアチェンジが必要であり，かつ，エンストすることが少なからずあった昔の車については，そのような恐れを考慮する必要があるかもしれません。しかし，現代においては，多くの車にそのような恐れは少ない，少なくとも，踏切前で一時停止をするか否かでその恐れが大きく変わるということは無いのではないでしょうか。

このように考えてくると，警報機・遮断機の信頼性や普及が十分ではなく，また，車の仕組み自体が異なり，その信頼性も現在ほどではなかった時代には合理性があったルールかもしれませんが，現代においてはその合理性に少々疑問を感じざるをえないルールということになるでしょう（もっとも，警察の取締りがありますから，私はちゃんと一時停止します）。

なお，進行中の道路が前方で渋滞しているときは，一時停止しないと，遮断機が下りる前に踏切を脱出できない恐れがあるとの指摘もあるかもしれません。すなわち，1台分，踏切を越えて道路に脱出できるだけのスペースがあることを確認してから踏切内に侵入しなければならず，その確認のためには一時停止が必要であるとの考え方です。

しかし，そのような恐れは信号機についても同様に存在しています。しかも，明らかに前方が渋滞していない，あるいは，車一台発見できないという状況であっても，上記ルールは一時停止を義務づけているわけですから，このことを理由に当該ルールを全面的に正当化することは難しいように思えます。

4 赤信号ではなぜ渡ってはいけないのか

自動車が来ない道路の赤信号

ところで，踏切について，交差点における信号機とも比較しながら考察を進めてきましたが，ここで「赤信号ではなぜ渡ってはいけないのか」について，もう一度，考えてみましょう（これこそ怒られそうなテーマですが，学問のために

あえて考えてみましょう)。というのは，外国によっては，右を見ても左を見ても車がまったく走っていないような状況であれば，赤信号であっても渡ってしまうという行動パターンの歩行者が見受けられるからです。

例えば，ニューヨークの街角で，日本人らしき人が歩いている際に，その人が日本人観光客なのか，それとも現地に長らく住んでいる人なのかは，赤信号での行動パターンでわかります。すなわち，現地に長らく住んでいる人は，他の人々と同様に，左右を見て車が来ていなければ，赤信号であったとしてもさっさと渡ってしまいます。これに対し，左右からまったく車が来ていないような状況であっても，信号が変わるのをじっと待っているのであれば，観光客である可能性が高いといえます。

守る意味があるのか？

もちろん，車がビュンビュン走っているような状況では，現地の人々も赤信号を渡りません。問題は，車が来る可能性がまったくないような状況下であったとしても，なぜ人は赤信号を守らなくてはならないのかという点にあります。この点につき，現地の人と話してみると，交通事故を防止するためにルールがあるのだから，交通事故の可能性が無い状況下では，守る意味は無いではないかと反論されてしまいます。

それでは，こうした主張につき，どのような再反論が考えられるでしょうか？

「車が来る可能性がまったくないと本当にいえないのではないでしょうか」

「少なくとも，判断能力に乏しい小さい子どもが真似をする可能性があり，子どもが真似をすると判断を間違えて事故が起こる可能性があるのではないでしょうか」

例えば，以上のような再反論が考えられますが，なるほど，赤信号ではありませんが，実際に，駅の近く等にある「開かずの踏切」では，降りた遮断機をくぐり抜ける大人達を真似した小学生が不幸にも電車に轢かれてしまった事件がかつてありました。そのような可能性がある限り，大人は軽々に赤信号を渡っ

1 意味のないルールの意味 ● 149

てはいけないということになるかもしれません。
　しかし，そうであるとすると，今度は，車さえこなければ赤信号でも渡る行動パターンを示している国々は，子どもの人命を軽視しているということになるのではないか，疑問が生じてきます。

子どもは一人で歩かない

　しかし，よくよく思い出してみると，車さえこなければ赤信号でも渡る国々では，子どもが一人で歩いているシーンを見たことがないということに気がつきます。すなわち，少なからぬ国においては，（日本とは異なり）治安の関係上，道路を子ども一人で歩かせることが法律により禁止されているのです。
　例えば，米国のマサチューセッツ州では，13歳未満の子どもが一人で歩いていると保護の対象となり，親にはペナルティが科されることになります（一人で留守番させることさえ駄目です）。米国の映画の中で，親が子どもを車で学校まで送ったり迎えに行ったりする，あるいは，スクールバスに乗せているシーンがよくあると思いますが，それはまさにこうした背景によるものなのです。
　つまり，「一人で歩いている子どもが真似するかもしれない」という恐れ自体が，そもそも存在していない国々があるのです。そして，そうした国々では，「一人で歩いている子どもが真似するかもしれない」という先ほどの再反論は，意味をなさないということになります。
　このように，「赤信号は渡ってはいけない」という絶対的にすら見えるルールについてさえ，以上のように様々な考察ができるのです。

2　見えないルールを見つけ出す

　ところで，私達の周辺には，実は，自分達でも気がつかないままに，ある種のルールを形成してしまっていて，無意識のうちにそれに従っているような例も少なくはありません。そのような「見えないルール」を見つけ出し，そういったルールが形成されてしまう理由を考察してみましょう。

1　借地借家法の改正

「民法」と「借地借家法」

みなさんの多くはこれから「民法」を勉強していくことになると思いますが，その中でも「契約」，特に「売買契約」と「賃貸借契約」については，現実の社会を構成する重要な要素であることもあり，多くの時間を割いて勉強することになります。ただ，このうち「賃貸借契約」については，「民法」なる法典だけではなくて，「借地借家法」なる法律をも勉強しなくてはなりません。

「借地法」と「借家法」の時代

この「借地借家法」は1991年に制定された法律なのですが，実はその前身として「借地法」と「借家法」という古くから存在する法律がありました。言い換えれば，古くからある「借地法」「借家法」に一定の問題があり，その問題を解決するために1991年にこれら二つを廃止して新たに「借地借家法」が制定されたのです。それでは，それまでの「借地法」「借家法」には，どのような問題があったのでしょうか。

この点，借地法の4条1項本文は，以下のように定めています。

> **借地法4条1項本文**
> 借地権消滅ノ場合ニ於テ借地権者カ契約ノ更新ヲ請求シタルトキハ建物アル場合ニ限リ前契約ト同一ノ条件ヲ以テ更ニ借地権ヲ設定シタルモノト看做ス……

すなわち，一定の期間を定めて建物が建っている土地を借りている借地権者は，当該期間の満了によってその借地契約が終了する場合であっても，契約の更新を請求しさえすれば，前の契約と同一条件の借地権を新たに設定できる，つまり，借地契約の更新ができてしまうという定めになっていました。

とすると，本当の土地の所有者は，一旦，その土地を貸してしまうと，建物が建っている限りは借地権者の意思次第でずっとその土地を貸し続けなければならないということになります。

もっとも，同条項にはただし書があることには注意が必要です。

> **借地法4条1項但書**
> ……但シ土地所有者カ自ラ土地ヲ使用スルコトヲ必要トスル場合其ノ他正当ノ事由アル場合ニ於テ遅滞ナク異議ヲ述ヘタルトキハ此ノ限ニ在ラス

　すなわち，もはやその土地を貸さずに自分で使用する場合には更新を拒絶することができる他，「正当ノ事由」がある場合においては更新の拒絶ができるという定めになっていたのです。

　ちなみに，こうしたルールは「借家法」にも同様に見出すことができます。

> **借家法1条ノ2**
> ……建物ノ賃貸人ハ自ラ使用スルコトヲ必要トスル場合其ノ他正当ノ事由アル場合ニ非サレハ賃貸借ノ更新ヲ拒ミ又ハ解約ノ申入ヲ為スコトヲ得ス

　すなわち，借家についても，やはり「正当ノ事由」の有無次第で，更新の拒絶ができるか否かが変わってくるという定めになっていたのです。

　それでは，なぜ，このようなルール，すなわち，真の所有者が所有権を自由に行使するのを大幅に制限するようなルールになっていたのでしょうか。そして，ここにいう「正当ノ事由」はどのような場合に認められるのでしょうか。

借地人・借家人保護の時代

　この点，第一に，このようなルールが制定された背景には，戦前の日本社会における貧富の差がありました。しかも，当時は持ち家志向が強くなかったため，都市部では借地・借家が一般的でした。そのような状況の下では，借地人・借家人は極めて弱い立場に置かれてしまい，地主・家主の意思次第で住みなれた土地や建物を追い出されてしまうようなことも珍しくはないということになります。そこで，借地人・借家人の立場を**政策的に強化**し，**保護**するために，こうしたルールが制定されたのです。

　ちなみに，こうしたルールが整備されたのは1941年であり，まさに戦時下でした。そのさらなる背景には，出征した兵士が戦地から戻ったときに，借地契約や借家契約が終了して住む家がなくなることの混乱を避けるということがあったようです（なお，改正の主たる狙いは借家人の保護にあり，借地の保護はそれ

自体というよりも，借家の多くが借地上で供給されていたことから，借家を保護するために借地の保護もなされたという経緯があるようです）。

「正当ノ事由」の中身

　ところで，「正当ノ事由」なる文言は，極めて抽象的です。何が自己使用と並ぶだけの「正当ノ事由」なのかについては，地主側・家主側と借地人・借家人との間で見解の相違も当然に起こります。そのような場合に，最終的な判断を行うのは，当然ですが「**裁判所**」ということになります。それでは，裁判所は，「正当ノ事由」についてどのような判断をしてきたのでしょうか。

　この点，詳しくは，「民法」の「賃貸借契約」において，過去の判例を勉強していただきたいと思いますが，一言でいうとすれば，その土地や建物を追われることになる借地人・借家人にとって同情的な判決が多かったといえるでしょう。言い換えれば，地主・家主側が更新拒絶をできる「正当ノ事由」はなかなかすんなりとは認められなかったということになります。また，そうした状況下で「立ち退き料」の支払も常態化しました。すなわち，真の所有者は，「立ち退き料」を払わない限り，自分の所有物を取り戻せないという状態になってしまったのです。

　もっとも，こうした状況は地主・家主にとっては不都合なものであったとしても，借地人・借家人にとっては都合のいいものにみえます。そして，弱者保護という観点からは，このようなルールに問題はないということもできるように思えます。しかし，話はそう簡単ではないのです。

他人に貸してはいけない⁉

　想像してみましょう。自分の土地や建物であっても，一度他人に貸してしまったら，もはや高額の立ち退き料を支払わない限り，自分の手に取り戻すことはできない。そのような状況に追い込まれた地主・家主は，どういう行動に出るでしょうか。そうです，一度貸したら返ってこないわけですから，他人には貸さないという行動に出る傾向が強くなるのです。そしてその結果，せっかく土地や建物が余っていたとしても，それらは借地や借家として提供されることがないということになります。

２　見えないルールを見つけ出す　●　153

とすると，土地や建物を借りたい人々のニーズに比べて，供給量が先細ることになり，必然的に，借地料・借家料が高額化していくことになるわけです。つまり，高額の借地料・借家料を支払わない限り土地や建物を借りることができないというルールが，気がつかないうちに形成されてしまい，人々はそれに従わざるをえないという事態に陥ってしまったのです。借地人・借家人を保護するためのルールの制定が，結果的に，借地人・借家人にとって不利なルールの形成を生んでしまった。何とも皮肉なことです。

高級住宅地の中の畑

　こうした「見えないルール」は，例えば，東京都内の高級住宅地の中に，畑がぽつんと存在するといった現象を生み出します。そうした地域で土地を多く持っている地主は，宅地として他人に貸してしまうと，先ほどのルールの下ではもはや返ってこない。しかも，宅地には高額の固定資産税がかかる。そこで，固定資産税が非常に安い「農地」の状態にしておいて，高額の納税という事態をも避けるというわけです。

　しかし，そこで作られる大根は，土地の値段まで勘案すると，いったい一本いくらになるのでしょうか。国土が狭い日本において，土地が有効に利用されているとはとてもいえません。

借地借家法の登場

　そこで，1991年，このような問題の解決を一つの目的として，「借地借家法」が制定されました。

　もっとも，「正当の事由」が無い限り更新の拒絶ができないという基本構造については，結局のところ，変えることができませんでした。すなわち，その5条1項本文は，「借地権の存続期間が満了する場合において，借地権者が契約の更新を請求したときは，建物がある場合に限り……従前の契約と同一の条件で契約を更新したものとみなす」とし，2項は，「借地権の存続期間が満了した後，借地権者が土地の使用を継続するときも，建物がある場合に限り，前項と同様とする」と定める一方で，5条1項ただし書は，「ただし，借地権設定者が遅滞なく異議を述べたときは，この限りでない」とし，同法6条は，

「前条の異議は……正当の事由があると認められる場合でなければ，述べることができない」と定めているのでした。

とはいっても，一つだけ異なるところがあります。それは，「正当の事由」の判断の際には，「借地権設定者及び借地権者……が土地の使用を必要とする事情のほか，借地に関する従前の経過及び土地の利用状況並びに借地権設定者が土地の明渡しの条件として又は土地の明渡しと引換えに借地権者に対して財産上の給付をする旨の申出をした場合におけるその申出を考慮」するとの記述が6条に加えられたという点です。確かに，何ら文言上の手掛かりの無い借地法・借家法における「正当の事由」に比べれば，幾分かは明確になったといえましょうが，先ほどの問題の根本的な解決となったかは少し疑問です。

定期借地権・定期借家権

もっとも，借地借家法においては，先ほどの問題の解決策として，もう一つの手段が講じられました。すなわち，**定期借地権**，**定期借家権**なる権利の創設であり，このような制度にのっとって貸し出された土地や建物については，賃貸借期間の満了の際には，必ず所有者に返却しなければならないということになっています。

ただ，この制度はなかなか利用されていないようであり（その理由について是非考えてみてください），やはり，先ほどの問題の根本的な解決にはつながっていないようです。

以上のように，私達の身の回りには，気がつかないうちに形成されてしまうルールもあります。それを見つけることができる力がないと，ルールを作ってはみたものの，その本来の目的とはかけ離れた構造を招来してしまうということが起こりかねないのです。

2 消費者保護の光と影

消費者保護とクーリング・オフ制度・説明義務

それでは，他にこのような「見えないルール」現象を見出すことができるでしょうか。

一つの例として考えられるのは，「消費者保護」という問題です。「民法」の勉強を進めていくと，「契約」の中の「消費者契約」という類型について学ぶことになります。ここにいう「消費者契約」とは，事業者と消費者の間における契約であり，商品に関する情報や判断能力その他において消費者側が圧倒的に不利な立場に置かれているということを前提に，消費者側に有利なルールが整えられています。

例えば，「クーリング・オフ制度」です。消費者には，自らの意思がはっきりしないまま，ついつい契約の申し込みをしてしまうといった面があります。そのことを前提に，消費者に頭を冷やして再考する機会を与え，一定の期間内であれば消費者からの一方的な意思表示のみで申し込みの撤回や契約の解除を可能にしています（特定商取引に関する法律9条・24条等を参照）。

この他，「消費者契約法」なる法律には，説明義務が規定されています。事業者側が不適当な説明をしたことにより消費者に誤解を与えた場合には，消費者に契約の取消権が与えられます（消費者契約法4条参照）。そしてその結果，誤解を与えやすい商品に関しては，事業者側は十分な説明義務を尽くさなければいけないということになるのです。

事業者にかかるコスト

もちろん，こうした消費者保護のためのルール整備は重要なことです。しかし，ものごとには必ず光と影があることを忘れてはなりません。すなわち，このように消費者側を保護するルールを整備した場合，例えば，クーリング・オフの結果として返品を受けざるをえなくなる，説明義務を尽くすために詳細な説明文書を作成する，従業員が説明義務を尽くせるように指導を行うなど，これに対応するために事業者側は一定のコストをかけなくてはならなくなります。

しかし，そのコストは，事業者が負担するというだけで終わりでしょうか？いえ，そのコストを回収するために，事業者は，そのコスト分を商品の代金に上乗せすることになります。とすると，消費者保護を強化するということは，結局のところ，消費者が購入する商品の代金をより高額にするということを意味するのです。つまり，個別の消費者を保護すればするほど，消費者全体が負担しなければならないコストが増加してしまうといった，借地借家法に関して

生じたのと同じ「見えない」構造が発生してしまうということになります。

> **QUESTION**
> ☐ 1 現代においてはもはや意味を失ってしまっているルールの例を他にも探し出し，その構造について自分なりに考察してみましょう。
> ☐ 2 借地借家法や消費者保護法以外に，同様に「見えない」ルールを生み出してしまっている法制度はないか，調べてみましょう。

第10章

「法学部」をめぐる環境の変化

1 日本における「法学部」の位置づけ

　さて，本章に至るまで，現代に生きるみなさんにできるだけ理解しやすいように，「法学」のエッセンスを解説してきました。ところで，最近，「法学部」の人気が低下しているという噂があります。事実，大学入試における各大学法学部の倍率や受験生の偏差値に着目すると，その傾向を真っ向から否定することは難しいように思えます。

　もっとも，第1章で触れたように，かつては「法学部」は，卒業してからも「つぶしがきく」学部として，手堅い人気を博していました。2004年の法科大学院の創設までは，日本において唯一「法学」を学べる場であり，実務法曹になるためには「法学部」を卒業することが事実上必須でした。また，実務法曹を目指さない場合でも，公務員になる，あるいは，著名な民間企業に就職するという点で，法学部生は優位にたっていたともいわれていました。

　しかし，この「法学部」の優位性が，近時においてどうやら失われてきたようです。それは，いったいなぜなのでしょうか。そもそも，なぜ，「法学部」を卒業することで，社会におけるある種の優位性を獲得できると考えられてい

たのでしょうか。そして，その優位性は，現代社会におけるどのような変化によって，変容せざるをえなくなったのでしょうか。以下では，この疑問について考えていくとともに，これからの「法学部」のあるべき姿についても考えてみたいと思います。

2 日本における「法学部」の誕生

法学部の必要性とその役割

ところで，そもそも日本において「法学部」はどのように誕生したのでしょうか。

日本において初めて「法学部」が設立されたのは，東京大学が開設された1877年でした。他方で，私立大学についても，1880年以降，現在の法政大学，専修大学，明治大学，早稲田大学，中央大学が開設されていますが，それらは「法学部」を中心とするものでありました。

このように，近代的な大学制度の構築に「法学部」が必須であったのは，その当時における明治政府あるいは社会の強いニーズがあったからと考えられます。当時の日本は，幕末に押し寄せてきた欧米列強に開国を強いられるとともに，封建的な徳川幕藩体制がそれらへの対応に耐えきれずに崩壊し，それに代わった明治政府が**近代国家としての日本を何とか構築**しようとしていた時代でした。

実際，その当時の日本が欧米列強から一段低く見られていたことの証左として，幕末に締結された各国との修好通商条約においては，日本側のみが「**関税自主権**」を有しておらず，外国側のみに「**治外法権（領事裁判権）**」が認められているといった事実がありました。

もっとも，外国側からすれば，近代的な法制度・裁判制度が無い以上，そのような国で自国民が裁かれることを簡単には認めることはできないということなのかもしれません。そうであるとしたら，近代的な法制度・裁判制度の構築は，日本の近代国家としての地位の向上のために必須なわけであり，ひいては

そのための「法学」の修得も**国家的・社会的に重要な事柄**であったわけです。つまり，その当時，「鹿鳴館」で夜な夜な開かれた西洋式の舞踏会と同様に，外国に対して日本を「近代」的に見せるために必要な装置として，「法」や「法学」が必要とされたといえるのではないでしょうか（幕末の英雄である坂本龍馬の銅像は懐に手を入れていることで有名ですが，その懐にはいつも国際法の本が入っていたとの逸話があったことも，象徴的です）。

「法学士」のステータス

したがって，「法学」を修めた当時の「法学士」のステータスは，今考えるよりもはるかに高いものでありました。しかも，現在に比べて大学の数それ自体がはるかに少なく，「法学部」の数も同様に少なかったわけですから，「法学士」は希少な存在でもあったわけです。さらにいえば，数が限られている「法学部」において学ぶことができる者は，それなりに選ばれた者であったのであり，現代の平均的な「法学部生」に比べて，意欲・能力ともにはるかに高かったかもしれません。

明治期の法学部生は，日本を近代国家の地位にまで高めるという理想に燃えて日夜勉学に励んでいたことでしょう。このような学生像を前提とすれば，限られた数の教授が壇上から一方的に大人数に対して講義し，膨大な情報を提供するという講義スタイルは，当時においては十分に機能し，かつ，日本の近代化のためには最も効率的な形であったのかもしれません。

3 戦後大衆社会と「法学部」の拡大

大学の大衆化と法学部の増加

ところが，このようなエリート的「法学士」像は，大正，昭和と進むにつれて，次第に薄らいでいきます。特に，戦後になって，大学の数それ自体が増加するとともに，それまで「法学部」を有してこなかった大学においても「法学部」が開設されるようになると，「法学士」あるいは「法学部生」のイメージ

は大きく変わってきます。

　もっとも，そのように「法学部」の数が増え，その結果として「法学部生」の数が増えたにもかかわらず，司法試験の合格者数は1990年ごろまで年間500人程度で，近時の司法制度改革・法科大学院の創設に至るまでは，それほど多くはありませんでした。したがって，「法学士」の中でも司法試験に合格して実務法曹に就く人たちに関しては，依然としてエリート的なイメージが残っていたかもしれません。

ビジネス社会を支える人的資源

　しかし，特に「法学部生」の数が大量に増加した戦後においては，「法学士」のほとんどは司法試験に合格していない，というよりも**司法試験を受けない「法学士」**になりました。それらの中には，公務員試験を受けて公務員になる者もいますが，大半は民間企業に就職してビジネス社会の構成員として活動することになります。すなわち，戦後において急成長した日本のビジネス社会を支える重要な人的資源の供給源として，「法学部」が機能していたということになります。

　このことを大衆化社会における一つの現象と捉えることもできましょう。あるいは，法学部の大衆化といってもいいかもしれません。

　戦後の日本においては，GHQによる農地解放政策や財閥解体などの影響により，「中流社会」が実現しました。すなわち，一定の購買力を有する中間層が誕生したわけですが，そうした中間層の人々の最大の買い物が，自分達の子どもへの高等教育，特に，大学教育でありました。そして，その中でも人気の高い「商品」が，「法学部」，「法学士」だったともいえましょう。

　しかし，どうやらその「商品」の人気が，近時，大きく下がっているようなのです。

4 「法学部」の人気低下の要因

　それでは，どうしてここのところ，「法学部」の人気が低下しているのでし

ょうか。

法科大学院の不人気

その一つの要因として挙げられることに，第1章でも触れた「法科大学院」の人気の低下があります。

「法科大学院」は2004年に鳴り物入りでスタートしました。当時は，「法科大学院」を卒業すれば，弁護士をはじめとする実務法曹になるための試験に合格しやすくなると喧伝され，社会人をも含む多くの人々が新設された「法科大学院」に殺到しました。しかし，あまりに多くの「法科大学院」が新設されてしまい，その余波で当初の計画をはるかに上回る数の「法科大学院修了生」が量産された結果，新しい司法試験の平均的な合格率は当初の計画をはるかに下回るものになってしまいました。

加えて，司法試験をパスして弁護士になったとしても，社会における**弁護士**に対するニーズはそれほど急には拡大しないため，満足に仕事の無い弁護士が量産されるという結果も生んでしまいました。そのため，現在，「法科大学院」の人気は大きく下がってしまっています。そして，それにつられて「法学部」の人気も下がっているのではないかというのが，この主張です。

法科大学院と法学部，実は別物なのに……

もっとも，「法科大学院」に入学するために，「法学部」を卒業することは必要とされていないので，論理的には，「法科大学院」の人気が下がったからといって，(前述のように司法試験を受けない人の方が多い)「法学部」の人気が下がる必然性はありません(なお，第1章で触れたように，「法学部」を卒業するなど「法学」の基礎的な勉強をした者については，「法科大学院」の3年間のカリキュラムのうち1年分を免除することができるという特典はありますが，そもそも司法試験を受けない人の方が多いのですから，このことが両者の連動の十分な説明になるとは思えません)。

しかし，人間の心理というのは恐ろしいもので，実際には論理的関係がないにもかかわらず，「法科大学院」の創設時には，「法学部」の人気や偏差値が現実に上昇したのです。とすると，今回，「法科大学院」の人気低下に引きずら

れるように「法学部」の人気が落ちたという説明も，あながち間違いとはいえないでしょう。

ただ，こうした主張の裏に，「法学部」の人気低下は「法学部」自身の要因で生じているのではない，さらには，そうした別の要因が解決すれば，「法学部」人気は再び復活するといった「含み」を持たせている人々が少なからずいることも，また，事実のように思えます。しかし，問題はそれほど単純なものでしょうか。

「就職するなら法学部」だったのに……

ところで，「法学部」の人気低下の別の要因としてもう一つ挙げられるものとして，社会科学系の分野において様々な新しい人気学部が生まれてきたということも，指摘できるかもしれません。

理系には進まない，すなわち，文系に行くとすると，社会科学系の学部に入るか，それとも，人文科学系の学部に入るかという選択を迫られることになります。その際，人文科学系，例えば，「文学部」に行くということは，社会的なイメージでいえば，作家やマスコミ関係，教師などを目指し，ビジネス社会へは進まないというように捉えられるところがありました。

とすると，卒業後，ビジネス社会における企業への就職を目指すなら，社会科学系の学部に入学するということになりますが，かつてのそれは「法学部」，「経済学部」への入学をほとんど意味しており，そのライバルはせいぜい「商学部」くらいであったといえましょう。つまり，文系で一般的な企業への就職を意識する限り，「法学部」への入学は最も優位性のある選択であったのであり，まさに「つぶしのきく」学部であったのです。

新しい人気学部

ところが，現在，講義スタイルに工夫をこらした様々な新しい社会科学系の学部・学科が誕生しています。「経営学部国際経営学科」，「異文化コミュニケーション学部」，「国際教養学部」等々，その中には授業の全てや大半が英語で行われているものもあれば，**グループワーク**といったプロジェクトベースの共同作業を主軸に置くものもあります。そしてしかも，そうした学部が，現在，

非常に人気を集めており，かつ，その偏差値も非常に高くなっているのです。

　もっとも，この主張についても，その裏側に「どうせ，はやりすたりだから……」という「含み」が持たされることは少なくありません。しかし，本当にそうでしょうか。こうした学部・学科が現在において人気を博する一方で，伝統的な「法学」教育がそうでなくなり始めていることには，構造的な理由があるのではないでしょうか。

⑤　グローバリゼーションの影響

▍グローバル化 ▍

　現在，あちらこちらで，世界中で「**グローバル化**」が進んでいると説かれています。実際，私達の身の回りの品々を見ても，純粋に「made in Japan」のものを探す方が難しくなっているかもしれません。それだけ，わが国は「グローバリゼーション」の真っただ中に置かれてしまっているのです。

　もっとも，こうした風潮に反対する意見も多く聞かれます。「反グローバリズム」などと呼ばれる運動ですが，しかし，私達をとりまく環境は，この流れに反対の意見を表明したからといって，すぐにその流れを止めることができるような単純な状況にはもはやないように思われます。

▍少子高齢化 ▍

　その一つの理由は，日本社会における**人口減**，および，**少子高齢化**という現象にあります。2010年代半ばの現在，日本の人口は1億2700万人ほどですが，この数は次第に減少すると考えられています。国立社会保障・人口問題研究所の将来予測によれば，2030年には1億1000万人台になり，2050年には1億人を切ると予想されています。

　しかし，これ以上に深刻なのは，全人口に占める若年者層の割合がどんどん低下し，高齢者層の割合がどんどん増加しているという問題です。現在，15歳未満の子供の割合は13％ほどですが，65歳以上の割合は26％を超えてい

ます（総務省発表）。そして，ある将来予測によれば，2035年には三分の一を超え，2060年には40％にまで達すると考えられています。

マーケットの縮小

このような少子高齢化の急速な進展は，若年者層の社会保障費負担を増加させるという点で，現在，問題視されています。

しかし他方で，わが国の経済を支える日本企業の業績という点においても，これは深刻な問題なのです。ある地域における人口減は，その地域において売買される商品の数や提供されるサービスの数の減少を意味します。すなわち，**マーケットの縮小**です。加えて，相対的に高齢者はあまり購買活動を積極的にしない傾向がある，逆にいえば，商品やサービスの購買者の中心は比較的若い人々であるため，少子高齢化はマーケットのますますの縮小を意味するわけです。

とすると，日本企業は，日本のマーケットだけをターゲットにビジネスを行っている限り，将来の売上は当然に減少していくしかなく，現在の会社の規模や従業員数を維持していくことすら難しくなるということになります。

急拡大する新興国マーケット

ところが，日本の周辺のいわゆる「新興国」と呼ばれている国々においては，まったく状況が異なっています。特に，アジアの諸国においては，ただでさえ人口が多い国がたくさんある上に（13億6900万人の中国，12億9500万人のインド，2億5400万人のインドネシア，1億8500万人のパキスタン，1億5900万人のバングラデシュ），人口そのものがさらに拡大している国がほとんどです（国連統計）。加えて，人口に占める若年者層の割合が高く，しかも，そうした人々の生活水準がどんどん上がっているのです。すなわち，新しいマーケットが，まさにわが国の隣で急拡大しているのです。

とすると，わが国の企業がこれから生き残っていくために何をしなければならないのかは，明白であるということになります。すなわち，アジアを中心に急拡大している新興のマーケットに対して自社の商品やサービスを売り込んでいけるか否かが，今後の事業継続・拡大の鍵になっているわけです。そしてこ

のことは，一昔前の現象，すなわち，労働賃金や土地などのインフラの価格の安さに着目して，工場などの生産拠点だけをそうした新興国に移すという形でのグローバル化とは，また一つ次元を異にする新しい現象であるといえましょう。

グローバリゼーションの影響

実際，こうした新しい現象，すなわち，一段レベルが進んでしまったグローバリゼーションの影響は，私達の生活のそこかしこに現れています。特に，学生のみなさんにとっては，就職活動における求人動向の変化が，一番の影響といえましょう。

現在，一番先に日本企業から内定が出るのは，日本で勉強している外国からの留学生達です。日本語が話せることで日本企業の従業員達との意思疎通に問題がない上に，日本企業が進出したい現地の言語が話せ，現地の事情に精通しているわけですから，上述の事情に鑑みれば，彼らへの需要が拡大するのは当然の帰結といえるでしょう。

また，海外に長期間滞在した経験がある帰国子女の需要についても，同様の傾向があります。さらに，日本で生まれた日本人であったとしても，豊富な留学経験がある学生は，やはり就職戦線で非常に有利な立場にいるようです。そして，先ほどの日本企業をとりまく環境の変化を念頭に置くと，こうした変化は一時的な「はやりすたり」ではないのです。

グローバル化の中での法学部

とすると，「法学部」の人気低下の要因も，ここに見出すことができるのではないでしょうか。すなわち，現在，社会で求められているのは，海外で戦える「グローバル人材」の養成であり，これをカリキュラム上実現できている学部・大学は，社会におけるニーズが高くなり，他方で，できていない学部・大学は，社会におけるニーズが低くなってしまうということになります。

その結果，前述のように，外国人に対しても臆することなく議論やプレゼンテーションができる能力や，どの国の人も理解できるようなレポートを的確にまとめることができるような能力などにつき，学生に修得させることを目的の

一つとする社会科学系の他の学部が，現在，人気を集め始めているのです。その一方で，古色蒼然としたカリキュラム内容しか有しない「法学部」の人気は下がり始めています。そしてそれは，決して一過性の現象ではないのです。

それでは，「法学部」はこれからどうあるべきなのでしょうか？　本書を通じて一貫して述べてきたように，「法学」の世界には，**論理的に議論やプレゼンテーションをする能力**や**論理的な文章でレポートをまとめる**という能力を鍛錬するのに最も適切な素材がたくさん存在しています。つまり，現代のニーズに沿った形で「法学教育」あるいは「法学」そのものを再構築することができれば，上記の新しい学部・大学以上に，「法学部」が現代的要請に応え，かつ，人気の復権を図ることができるのではないでしょうか。

「社会人基礎力」の養成

「社会人基礎力」とは？

ところで，法学部人気の低下の背景に，グローバリゼーション以外の要因は無いのでしょうか。この点，昨今の就職戦線では，学生が「社会人基礎力」を備えているか否かが問われることが多くなっていますが，この点の影響も無視できないように思えます。

「社会人基礎力」とは，経済産業省の定義によれば，「職場や地域社会で多様な人々と仕事をしていくために必要な基礎的な力」ということになります。そして，現在，大学の学士課程を卒業した段階で，この能力が備わっているか否かが就職活動における採用の一つの大きな基準になっているのです。

もっとも，よく考えれば，この能力がなければ社会でやっていきにくいわけですから，これを修得していることは社会に出るために必須であり，あまりにも当たり前のことのように思えます。しかし，逆にいえば，これを学部学生に修得させることが国家的に語られてしまうほど，事態は深刻ということなのかもしれません。すなわち，「社会人基礎力」が乏しい学生が社会に出てきてしまっているという現象が，現実に問題視されているということです。

OJT では間に合わない？

そもそも、私達は、いつの時点で子どもから大人になっているのでしょうか。いつの時点で、「社会人」として通用するだけの人間になっているのでしょうか。そのタイミングを正確に測ることは難しいのですが、少なくともかつての日本社会では、就職した後の企業における「研修」や職場でのOJT（On the Job Training）が、そうした変化のために大きく役立っていたようです。

ところが、先ほども述べたように、現代の日本企業は、日本以外の新しいマーケットを探さなければならないような状況、従来のやり方では十分な利益を上げられないような状況に追いやられています。すなわち、国内マーケットの継続的な拡大を前提に、急成長をとげていた時代とは異なる状況に置かれているわけです。

そうした中、入社後の3年間は研修期間とみなして会社の中で人材を育てるといった「古き良き」体制を、もはや継続する余裕が無くなってしまっている企業が少なからず出てきています。言葉を換えれば、「新人は、3年間くらいは売上に貢献しなくても構わない」といえるだけの余裕が、現在、無くなってきているのです。

採用方法も変わる？

そうすると、採用方法も変わらざるをえません。昔であれば、入社後の厳しく充実した研修を前提に、大学時代に何を勉強したか、どの程度一所懸命に勉強したかはあまり問わず、ただ、「地頭（ジアタマ）」の良さだけを（入学時点の18〜19歳における能力である）「学歴」で測るといった形の採用方法で済んでいたかもしれません。しかし、そうした社内研修の余裕が無くなった今、学生には、最低限の「社会人基礎力」を備えることが入社前に求められるようになったのです。そして、それを学ぶ場としての役割が、今、大学に求められるようになったのです。

大学への「社会人基礎力」養成の要求

他方で、この流れを助長するものとして、2000年代から国家的に始まった

「ゆとり教育」があります。もちろん,「ゆとり教育」にも様々なメリットがあったとは思われますが,例えば,小中学校におけるカリキュラムにおける「国語」の授業時間は大きく減ってしまいました。それは,文章を読む機会,書く機会の減少を意味し,残念ながら,現在の若者達の基本的な文章力の低下ももたらしてしまったように思えます。この点,学校以外の場で文章に親しむ機会が多ければ別なのかもしれませんが,携帯電話,ポータブルゲーム,ソーシャルメディアなどが蔓延している現代においては,「暇だから本でも読むか」というわけにはなかなかいかないでしょう。

　また,核家族化や地域コミュニティの崩壊も,そうした傾向を助長したように思われます。かつては,地域コミュニティの中でのつながりが,社会の中で生き抜いていくための能力の鍛錬の場を,ある程度は担っていたように考えられます。近所の怖いおじいさんが,自分勝手な行動をとる子どもを見つけると,他人の子どもなのにしかりつける。そうした光景が見受けられなくなった今,そこに「社会人基礎力」の教育を頼ることは難しくなってしまいました。

　その結果,まさに今,「大学を卒業したくせになぜ最低限の『社会人基礎力』が身につけられていないのか」,「大学は何をやっているのか」といった声が,大学に寄せられてしまっているのです。

何が求められているのか

　もっとも,そこで求められている教育内容は,それほど難しいことではありません。みんなで議論をしなくてはならない場面で,きちんと**自分の意見を説得的に表明でき**,なおかつ,**全体の議論をしっかりとまとめ上げる**ことができる能力。そうしてまとまった意見や自分自身の意見につき,大勢の人々の前で**的確に説明をすることができる能力**。さらには,そうした意見につき,与えられた分量の範囲内で,わかりやすく**文章でまとめ上げる能力**(それらは,実際に,現代の就職試験において,グループディスカッションやプレゼンテーション,面接,さらには,エントリーシートや履歴書,課題として出されたレポートの提出などを通じて,企業からチェックされている能力でもあります)。そうした能力を大学の4年間で磨かせればいいわけですから,外部の人から見れば,容易なことのようにも思えます。

しかし，そうした教育は，扱っている素材という点では恵まれていたにもかかわらず，伝統的な「法学部」の教育スタイルの下では，必ずしも容易ではないのです。

7 現代において望まれる法学部での教育

大学の大衆化と法学部生の変化

　「法学部」における伝統的な教育スタイルは，大教室に大人数の学生を集め，一人の教授が壇上から一方的に講義を行うといったものでした。そのスタイルは，上述したように，近代国家の構築が国家的な命題であった時代において，社会の中における極めて優秀な層を集めてその目的のために必要な教育を施すためには，最も効率的な方法であったのかもしれません。

　しかし，大学の大衆化にともない，「法学部」に所属する学生の層は大きく変わってしまいました。

情報量の急激な増大

　また，さらに見逃すことができないのは，法学部生が学ばなくてはならない情報の量が，当時から現在にまで至るわが国における「法」あるいは「法学」の発展によって，莫大なものになってしまったという点です。

　例えば，「民法」という伝統的な分野においても，「民法」という法律以外に，様々な特別法が制定されており，それらが集合体として大きな法規範を形成しています。加えて，個々の条文の解釈に必要な裁判例も，膨大な数になっています。さらに，社会のニーズに応えるように新しい法分野が次々に生まれており，「経済法」，「知的財産法」，「環境法」といった新分野の内容についても，勉強する必要性が生じています。

　その一方で，学部時代にそのための学習に使える期間は，かつてと同様に4年間しかないのです。加えて，近年，就職活動期間が早期化・長期化する傾向があり，その影響によって，実質的に学習に割けることができる期間が，さら

に短くなっている面があります。

そして法学部生の行動パターンは……

　短期間において膨大な情報の修得を一方的な大人数講義の中で求められる。しかも，その情報の中には，実務法曹に将来就こうとする者以外にとって，必ずしも必要がないものもある。そうなると，現代の「法学部生」は，「期末試験前に集中的に出題される可能性が高い情報を中心にひたすら暗記し，期末試験においてそれを吐き出し，試験終了後には全て忘れる」という行動パターンを志向しがちになり，実際にそうした学生が多数であるという状況になっています。

　この状況が続く限りは，「法学」の世界が良い素材に恵まれていたとしても，論理的に議論やプレゼンテーションをする能力や論理的な文章でレポートをまとめるという能力を鍛錬することは難しいですし，ひいては「法学部」が敬遠されるという傾向を止めることも難しいということになります。

　また，そのような膨大な情報の修得には，当然のように時間も労力も奪われることになります。とすると，そのように「法学」を学ぶ一方で，グローバル化への対応に必須な道具である**英語力**（さらにはその他の言語の語学力）をも鍛えることを要求するのは，時間・労力の観点から難しいということになります。とすると，伝統的な「法学」を学ばされる「法学部生」である限り，これからの社会を生き抜いていく上で重要なもう一つの能力である語学力を身につけるという点で，他の学部の学生に比べてハンディがあるとさえいえるのではないでしょうか。

外国語習得はお手のもの？

　もっとも，誤解を生じさせないために付け加えますが，このことは伝統的な「法学」が外国語の習得と無縁であったことを意味するわけではありません。むしろ，伝統的には，日本の「法学」研究は，欧米の最先端の状況や議論をいかにわが国に紹介するかという点を活動の一つの中心として，明治以来，現在に至るまで展開されてきました。その意味で，「法学」研究者，すなわち，「法学部」教員は，一つまたは複数の外国語に熟達している人がほとんどです。

ただ，そうした外国語への「熟達」が，もっぱら文献の読解という側面に向けられていたという点も事実です。すなわち，法学教員による「法学部」における外国語教育の中心は外国文献の講読という形で行われることが多く，現代においてニーズの高い，外国語を使って議論やプレゼンテーションを行うこととか，外国語により文書を作成することといった教育については，「法学」それ自体の伝統の影響により，十分になされてこなかったように思われます。

法学部の復権に向けて

　このように，伝統的な「法学」教育のスタイルが，現代においてニーズの高い**「社会人基礎力」**の養成や**語学力**の養成に必ずしもマッチしておらず，それが見抜かれてしまっていることが，現在における「法学部」の人気の低下を生んでいるのではないでしょうか。

　しかし，このことは逆にいえば，現代におけるニーズに合致する方向で教育のスタイルを刷新していけば，「法学部」の復権は十分にありうるということになります。繰り返しになりますが，本書を通じて一貫して述べてきたように，「法学」の世界には，**論理的に議論やプレゼンテーションをする能力**や**論理的な文章でレポートをまとめるという能力**を鍛錬するのに最も適切な素材がたくさん用意されています。つまり，現在のニーズに沿った形で「法学」教育あるいは「法学」そのものを再構築することは，その意欲さえあれば決して難しいことではないのです。

　本書においてみなさんに「入門」すべき対象として提示した「法学」は，伝統的な「法学」からは幾分か逸脱したものだったかもしれません。しかし，現代のニーズに沿った「法学」教育のための素材として，私なりの思いをもって，あえて提供させていただいた次第です。

　本書の存在が，「法学部」に入学されたみなさんが充実した学生生活を送る上でのヒントに少しでもなってくれるとすれば，これに勝るよろこびはありません。

　それでは，改めまして，

「法学部へようこそ！」

QUESTION

- 1 自分の将来像との関係で，どのようにこれから「法学」を学んでいくべきか，自分なりに考えましょう。
- 2 「法学部」にどのような教育が望まれるべきか，自分の要望を整理してみましょう。

事項索引

● あ 行

赤信号での行動パターン　80, 149
新しい社会科学系の学部・学科　163
安倍晋三首相　112, 114
違憲立法審査権　40
意思表示　18
慰謝料　98
異文化コミュニケーション能力　14
ＥＵ　116
因果関係　27, 28
インターネット接続ケーブルの差込口
　　137
インターネット通販　16
インターネット取引　19
ウインカーのレバーの位置　132, 133, 135
牛　59, 64
訴えの提起　96
馬　59, 64
運転免許　90
運用可能性　66, 67, 72
英語　163
英語力　171
ADR　35
沿革　68
エントリーシート　169
欧米列強　159
大型第二種免許　91
大型免許　91
沖縄　106
OJT（On the Job Training）　168
汚染水問題　112
親子喧嘩　32
お雇い外国人　68
オリンピック招致　111

● か 行

外国語能力　13
外国文献購読　172
外国法　75, 82
解釈　169
　拡大――　71
　縮小――　71
　反対――　71
　文理――　71
　目的論的――　71
　立法者意思――　71
　類推――　71
　論理――　71
会社法　76
回転寿司　126
外務大臣　107
核家族化　169
学説　41
学歴　168
瑕疵　20
瑕疵担保責任　20
過失　28, 53
　故意又は――　27, 28
　重大な――　18, 53, 54
過失相殺　29
貸主　95
課題レポートの提出　169
家庭用電源の電圧　137
借主　95
管轄　96
管轄合意　96
監護義務　86
監護権　86
関税自主権　159
議院内閣制　39
機関　37

174

企業への就職	163	39条	17, 21
基準の明確性	66, 67, 70, 72	235条	17
基礎法	80, 82	245条	17, 21
基地問題	106	契約書	88
行政機関	85	契約の解除	20
行政権	38	結論の社会的妥当性	66, 67, 70, 72
行政府	38	県外移設	106
行政法	75	健康保険法	78
協　定	79	原　告	31
教　養	84	検察官	2, 3, 31, 77, 78
居所指定権	87	県知事	107
キリン	60, 66	原動機付自転車	55
近代化	68	県内移設	108
近代経済学	83	原発事故	111
近代国家	159	憲　法	37, 50, 75
近代的な法制度・裁判制度	159	権利・利益の侵害	27, 28
クラクション	131	権利義務関係	76
クーリング・オフ制度	155	権力の濫用	44
グループディスカッション	169	権力分立	39
グループワーク	163	公安委員会	91
車は左　人は右	144, 145	後遺症	23
グローバリゼーション	13, 164, 166	交　渉	13
グローバル化	164	公正取引委員会	78
グローバル人材	166	控　訴	42
経済学	83	拘置所	104
経済法	75, 78	交通事故	36
警　察	93	公的主体	85
警察官	78, 93	強盗致傷	103
警察官職務執行法2条	93	口頭弁論	97
警察庁	93	口頭弁論期日	97
警察法	75	公　法	85, 90
2条	93	公務員	2
34条	93	公務員試験	6
55条	93	語学力	171
刑事学	75, 81	国際オリンピック委員会（IOC）	112, 114
刑事事件	95	国際慣習法	79
刑事訴訟法	75, 78, 85	国際結婚	79
197条	94	国際公法	79
警視庁	93	国際公約	118
軽車両	56	国際私法	75, 79, 103
刑　法	72, 75, 77	国際取引	79

事項索引 ● 175

国際取引法　75, 79, 103
国際標準化機構（ISO）　134
国際法　75, 79
国選弁護人　103
国民年金法　78
個　性　26
国　会　38
固定資産税　154

● さ　行

財産権　88
財閥解体　161
裁　判　42, 77, 94
　　刑事——　31
　　民事——　30, 31
裁判外紛争解決　35
裁判官　2, 3, 26, 42, 43, 77, 94, 100, 101, 102
裁判官の公正さ　43
裁判所　39, 41, 94, 96
　　簡易——　96
　　高等——　41
　　最高——　41
　　地方——　41
裁判所書記官　97
裁判所法　103
　　2条　94
　　33条　96
　　39条　94
裁判例　8, 9
財　物　21
錯　誤　18
サービス提供契約　88
三審制　41
サンフランシスコ平和条約　106
3割償却条項　101
自衛隊　106
GHQ　145, 161
私企業　31
敷　金　95
敷金返還請求訴訟　95

事業者　92, 156
　　——にかかるコスト　156
事　実　30
事実上の拘束力　42
事実認定　103
私　人　31
自然環境の保護　110
失　火　53
失火ノ責任ニ関スル法律（失火責任法）　53
執行猶予　104
実体法　76
実定法　80, 82
実務法曹　2, 3, 11, 84
自転車　55, 57, 143
　　——の右左折の際の手信号　141
自転車専用レーン　143, 144
自動車　55
自動車運転過失致傷罪　31
自動車事故　23
地　主　153
私　法　85, 86
司法権　39
司法試験　3, 5
司法試験予備校　3
司法制度改革　3
社会科学系学部　163
社会学　83
社会主義　39
社会人基礎力　167, 169
社会において必要とされてきた人材　11
社会保障法　75, 78
弱者保護　153
借地契約　151
　　——の更新　151
借地権者　151
借地借家法　76, 151
　　5条　154
　　6条　154
借地人　153
借地法　151

4条　151
借地料　154
借家人　153
借家法　151
　　1条ノ2　152
借家料　154
車道　55
車両　55
修好通商条約　159
住所　96
就職活動　9, 166
　　──期間早期化・長期化　170
修繕費用　100
周辺諸科学との連携　72
主権　106
遵法行動　49
準用　20
少額紛争　103
証拠　30
上告　42
少子高齢化　164
使用窃盗　21
小児用の車　56
証人　30
少年院　103
少年鑑別所　103
消費者　92, 156
消費者契約法　156
　　4条　156
消費者保護　155, 156
消費税　92
消費税法　75, 92
商標法　79
商品提供義務　89
条文　7, 55
商法　75, 76
情報量の急激な増大　170
証明　30
条約　40
省令　40
条例　40

書記官室　99
職務質問　93
除染　113
所得税　92
所得税法　92
真意と実際の表示の間の不一致　18
親権　86
人権　75
新興国マーケット　165
心神喪失　21
心神喪失者　21
人的資源　161
真の問題点を見出せる力　13
人文科学系学部　163
心理学　83
水栓　121
　　──の回転ルール　122
　　バルブ式──　123
　　レバー式──　123
請求認容　103
請求の棄却　99
請求の原因　99
請求の趣旨　99
税金　38, 92
清算金　98
政治学　83
清掃費用　100
正当の事由（正当ノ事由）　152, 153, 154
制度趣旨　71
成年　87
政令　40
責任　27
責任能力者　27, 29
窃取　21
窃盗　21
説得力ある説明　13
説明義務　155
戦後大衆社会　160
宣誓　102
占領統治　106
相続

──問題　45
　　長子──　46
　　平等──　45, 47
　　最も優秀な者が──　46
争点及び証拠の整理　100
訴　状　96
訴訟代理人　99
訴状・答弁書の陳述　98
訴訟費用　99
損害の発生　27, 28
損害賠償額　30
　　──を決定する際の考慮要素　29
損害賠償請求　20
損害賠償請求権　30

●　た　行

代　金　88
代金支払義務　89
大衆化社会　161
大統領制　39
第二種免許　91
逮　捕　103
ただし書　18
立ち退き料　153
タヌキ・ムジナ事件　67
地域研究　83
地域コミュニティの崩壊　169
遅延利息　99
治外法権　159
知的財産法　75, 78
知的能力　9, 10, 32
地方公共団体　40
地方自治　40
注文確認画面　19
中流社会　161
懲戒権　87
調　停　35
著作権法　79
賃貸借契約　95, 151
賃　料　95

定期借地権　155
定期借家権　155
定期乗車券　88
ディベート　34
哲　学　83
手続法　76
電　気　21
電気のコンセントの形状　137
電子消費者契約法　76
　3 条　17, 19
電動アシスト自転車　58
電話線の差込口の形状　137
動　機　25
東京電力　114
統計学　83
当事者尋問　102
統　治　75
道府県警察　93
答弁書　98
道路運送法　91
道路交通法　75
　1 条　55
　2 条　55
　7 条　91
　10 条　145
　17 条　55
　20 条の 2　92
　22 条　91
　24 条　92
　31 条の 2　92
　32 条　92
　33 条　91, 147
　34 条　91
　53 条　142
　63 条　94
　63 条の 4　57
　84 条　91
　85 条　91
　86 条　91
道路交通法施行規則　58
道路交通法施行令 21 条　142

178

独占禁止法　78
特定商取引に関する法律
　9条　156
　24条　156
時計回り　121, 127
特許法　79
ドーピング　116
トラム　130
トロリーバス　57

● な行

内閣　38
ナポレオン法典　44
二段階右折　129
日米安全保障条約　106, 110
日米外務・防衛担当閣僚会合共同文書
　　107, 108
日米地位協定　107
日本工業規格（JIS）　134
日本国憲法　37, 75
　30条　38, 92
　41条　38, 70
　65条　38
　73条3号　40
　73条6号　40
　76条　39
　81条　40
　92条　40
　94条　40
納税義務　92
農地解放政策　161

● は行

配偶者の法定相続分　47
売買契約　88
破産法　77
バックグラウンド　24
判決　41, 77, 101
犯罪心理学　83

阪神・淡路大震災　124
反訴　98
反訴状　98
判断権者　26, 30, 53, 64
反時計回り　121, 125, 127
判例　8, 9, 41, 42
被害　24
比較憲法　39
比較法　67, 68, 82
被告　31
被告人　31
左側通行　132
左利き　123
一人で歩いている子ども　150
否認　99
標準規格　134
夫婦喧嘩　32
複雑に絡み合う問題　13
福島　114
不公平な結果　26
普通裁判籍　96
普天間基地の辺野古移設　107
不法行為　27
踏切前の一時停止　147
フランス革命　44
不利益を被る可能性　48
プレゼンテーション　169
文章力　169
米軍基地　106
米軍の駐留　106
米軍普天間飛行場　106
米国のロースクール制度　73
辺野古移設　107
弁護士　2, 3, 99, 103
弁論準備手続　100
法　22, 26, 30, 42, 44
防衛大臣　107
防衛力　110
法解釈　8, 41, 54, 58, 59, 64, 65, 68, 69
法解釈論　52
法学　1, 111

事項索引 ● 179

──の再構築　167
　　──の分野　9, 74
　　狭義の（狭い意味での）──　15
　　広義の（広い意味での）──　15, 16, 22
法学既修者　4, 5
法学教育の再構築　167
法学士　160
法学部　1, 3, 9, 159, 163, 170, 172
　　──の大衆化　161
　　──の人気低下　161
法学部生　160, 161, 171
法学未修者　5
法科大学院　3, 4, 162
法科大学院修了生　162
法規範性　41
法規範としての拘束力　41
法　源　37
法社会学　75, 81
放射性セシウム　112
放射性物質　113
法人税　92
法人税法　92
法制史　75, 82
傍　聴　104
法　廷　98
法定代理人　90
法的コミュニケーション能力　13, 15, 30,
　　32, 34, 35
法的思考力　13, 15, 32, 34, 35
法的知識　7, 8, 22
法哲学　75, 81
法の経済分析　83
法の適用に関する通則法　80
法の下の平等　46
法　律　2, 7, 9, 38, 41, 75
法律行為の要素　18
歩行補助車　56
歩　道　55
本体価格　92
本人訴訟　98

● ま　行

マグナ・カルタ　44
マーケットの縮小　165
マニュアル　10
マニュアル思考　11
右側通行　132
右利き　123
「右」と「左」の漢字の書き順　139
ミクロ経済学　83
未成年　87, 90
民事事件　95
民事執行法　77
民事訴訟規則
　　79条　98
　　80条　98
民事訴訟法　31, 75, 76, 77, 95, 103
　　4条　96
　　11条　96
　　89条　102
　　133条　97
　　139条　97
　　146条　98, 99
　　161条　98
　　168条　100
　　207条　102
民主制の過程　49, 50
民　法　75, 76, 151
　　5条　90
　　95条　17, 18, 89
　　555条　88
　　562条　17, 20
　　566条　20
　　709条　27, 29
　　722条2項　29
　　818条　86
　　820条　86
　　821条　87
　　822条　87
　　900条　45

無　効　18
ムササビ・モマ事件　67
命　令　40
mediation　35
面　接　169

● や 行

家　主　153
優先通行　92
ゆとり教育　169
要　件　28, 30
養子縁組　104
予備試験　5

● ら・わ 行

利益対立　12, 13
利益調整　12
陸上トラック　124
利息制限法1条　69, 70
立　証　30
立法機関　49
立法権　38
立法の合理性　72

立法論　72, 83
領事裁判権　159
履歴書　169
ルール　120
　——の違い　128
　意味のない——　141
　右折——の違い　130
　回転の——　126
　「書き順」という——　139
　「自分達で決めた」——　49, 50
　ネジの回転——　122
　左ウインカーレバー——　134
　見えない——　141, 150, 154
　右ウインカーレバー——　134
歴史学　83
連合国　106
労働基準法　78
労働組合法　78
労働法　75, 78
鹿鳴館　160
「六　法」　17, 37
論理的コミュニケーション　34
論理的思考　32
和解の勧告　102

有斐閣ストゥディア

法学入門
Introduction to Legal Studies

2016 年 3 月 25 日　初版第 1 刷発行
2024 年 11 月 30 日　初版第 10 刷発行

著　者	早　川　吉　尚
発 行 者	江　草　貞　治
発 行 所	株式会社　有　斐　閣

郵便番号 101-0051
東京都千代田区神田神保町 2-17
https://www.yuhikaku.co.jp/

印刷・株式会社理想社／製本・大口製本印刷株式会社
©2016, Y. Hayakawa. Printed in Japan
落丁・乱丁本はお取替えいたします。
★定価はカバーに表示してあります。
ISBN 978-4-641-15032-4

[JCOPY] 本書の無断複写(コピー)は、著作権法上での例外を除き、禁じられています。複写される場合は、そのつど事前に(一社)出版者著作権管理機構(電話03-5244-5088、FAX03-5244-5089、e-mail:info@jcopy.or.jp)の許諾を得てください。

本書のコピー，スキャン，デジタル化等の無断複製は著作権法上での例外を除き禁じられています。本書を代行業者等の第三者に依頼してスキャンやデジタル化することは，たとえ個人や家庭内での利用でも著作権法違反です。